誕生日で切りかわる

9年間の数秘占い

橙花
TOKA

すみれ書房

誕生日で切り替わる ９年間の数秘占い

はじめに

みなさん、こんにちは。数秘占いを研究している橙花《とうか》と申します。

本書は、私の3冊目の本で、はじめて「バイオリズム（運勢）」について書いたものになります。

数秘にはいろいろな要素がありますが、バイオリズムはとても使えるツールです。

バイオリズムが「どう使えるか」少しご紹介してみます。

・つらいことがあって身動きが取れないとき、その終わりが見える。
・イライラしがち、不安が拭えないなど、自分の気持ちの波を受け止められる（「そういう時期ですよ」のひと言で安心できる）。
・仕事や資格の勉強など、力の入れどころ、抜きどころがわかる。
・自分にチャンスが巡ってくる時期を知り、準備ができる。

・大切な人の波を知り、ケアや備えができる（遠方に住む親の健康や子どもの受験など）。
・やらねばならない大切なことをするとき、背中を押してもらえる（今やらないでいつやるの？）。
・起業や結婚、転職、資格取得など、人生設計をする上で大きな目安になる。

ほかにもいろいろありますが、大切なのは、まずあなたのやりたいことや大事なものが先にあり、その上でバイオリズムを「使う」という意識です。本書ではそのお手伝いをしていきます。

まず、第1章であなたのバイオリズムを計算してみてください。自分の年表を書く作業を通して、バイオリズムへの理解を深めていただきたいと思っています。
次に、第2章で自分の知りたいバイオリズムの期間を読んでみてください。各期間ごとに、全体の雰囲気、波に乗るためのアドバイス、仕事、恋愛、人間関係を説明しています。特にその時期ごとの「エピソード」は、多くの方のリアルな声を集めましたので、参考になるかと思います。

第3章は、前著2冊でくわしく書いた、「自分の数字（本質）」について言及しています。生まれながらに持っている数字を計算し、あなたの本質とバイオリズムとの掛け合わせを占ってみてください。


数秘は道具ですので、「今年はいい年？　ダメな年？」という受け身の姿勢はナンセンスです。あくまであなたが楽しく生きるため、そして夢をかなえるためのツールにしていただきたいと思っています。


とはいえ、気持ちが疲れたときは、夢を描く力が鈍ります。

そんなときにも、「つらい時期も終わりがくるよ、明けない夜はないよ」というメッセージを受け取って、「ちょっと占いの力を借りて一歩踏み出してみようかな」というふうに、バイオリズムを「使って」いただければうれしいです。

この本でお伝えする9年間のバイオリズムが、あなたの道しるべになってくれますように、あなたの希望の火を灯すロウソクになってくれますようにと願っています。

CONTENTS

第2章

Personal Year 9 in Numerology

9つの
バイオリズム

第3章

My Life Path Number × Personal Year 9 in Numerology

自分の数字×バイオリズム

第4章
Letter from TŌKA
橙花からの手紙

DTP
つむらともこ
校正
鷗来堂
イラスト
killdisco
ブックデザイン
albireo

第１章

数秘の９年間

The 9 Cycle in Numerology

9年サイクルを繰り返す

数秘では9年周期のバイオリズムがあります。

〔バイオリズム1〕から始まり、1の時期に立てた目標やスタートしたことを、7年後の〔バイオリズム8〕に向けて成し遂げていき、8年後の〔バイオリズム9〕に振り返るというサイクルです。

「1」から「9」のバイオリズムの流れは、次のようになっています。

1　チャレンジの始まり

2　取り越し苦労で立ち止まる

(11　イラつく人の出現——2の代わりに入る場合がある)

3　無条件に楽しい年

4　地道な努力

(22　大仕事を成し遂げる——4の代わりに入る場合がある)

5　出会いと喜び

6　愛を試されるとき
7　自分で考える
8　成功の実感
9　結果が表れる

あなたも今、この9年のうちのどこかにいます。

橙花式カバラ数秘術のバイオリズムは、1年ごとに切り替わります。もっと短い単位で鑑定する方法もあるようですが、私は1年に1回変化するくらいでちょうどいいのではないかと思っています。

1年のあいだに季節が一巡します。明るい気分になる春や、刺激を求める夏、ものさびしくなる秋、グッとがまんが必要な冬もあります。

学生ならば学年がひとつ上がる時期、会社員ならば人事異動の季節、商売の繁忙期、バレンタインやクリスマスのように愛情を感じたくなる時期も含まれます。

それらを一巡してやっとバイオリズムのなんたるかがわかってきます。バイオリズムという波を深く味わうのに「ちょうどいい」のが、1年間という長さだと思うのです。

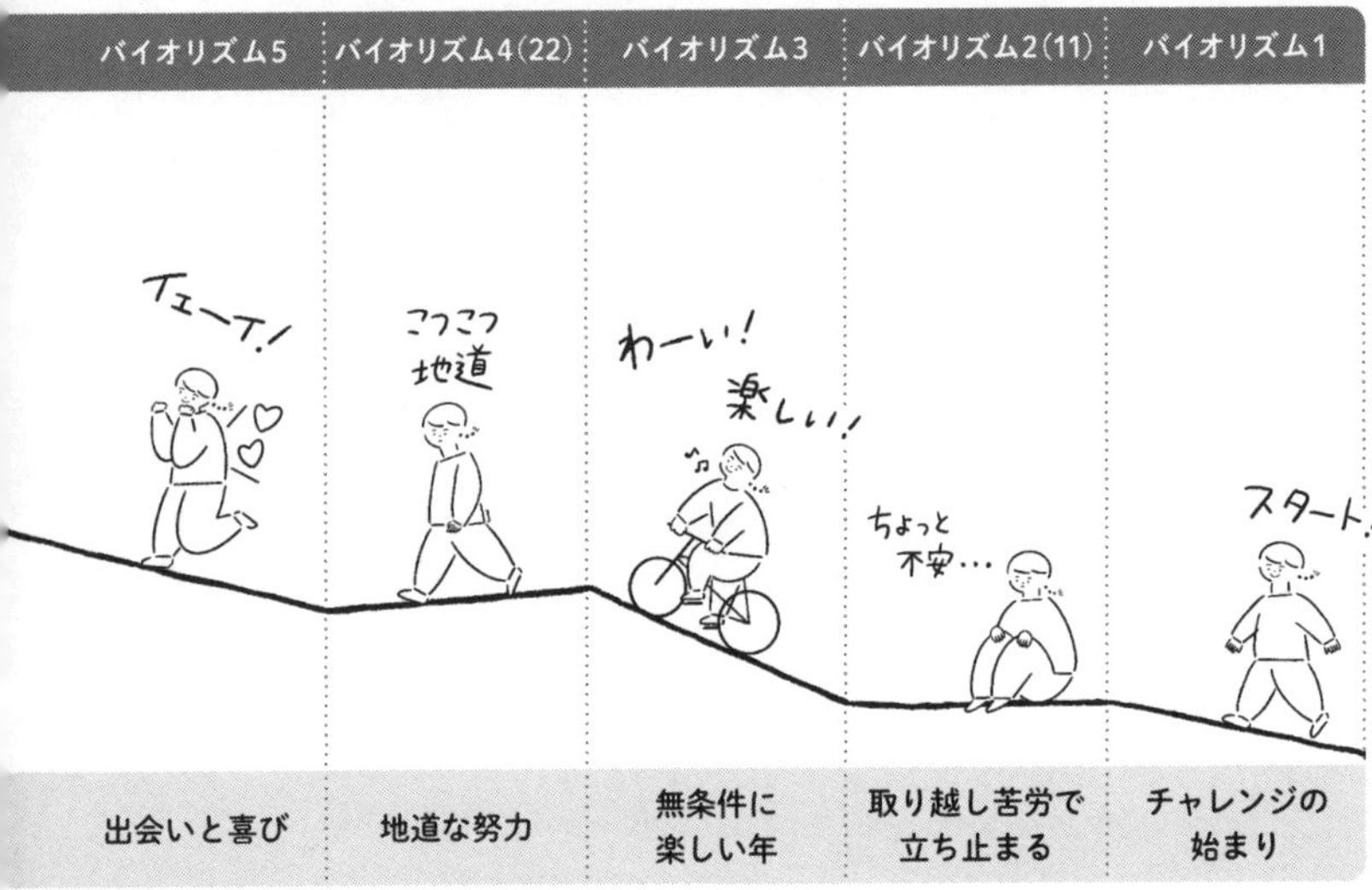

偶数、奇数でムードが違う

不思議なことに、バイオリズムは偶数年と奇数年でその色合いが違います。

1・3・5の奇数の年は、アクティブになっていろんなことにチャレンジできたり、刺激があったりして飽きない年になっています。

反対に2・4の偶数の年は、ちょっとしたことが気になって前に進めなかったり、邪魔が入ったりして少し憂鬱な時期です。

楽しく明るいムードの時期が1年間、「ちょっと動きづらいな、物事の進みが悪いな」と思う時期が1年間。ムードが違う年が、交互にやってくるというのがいいですよね。

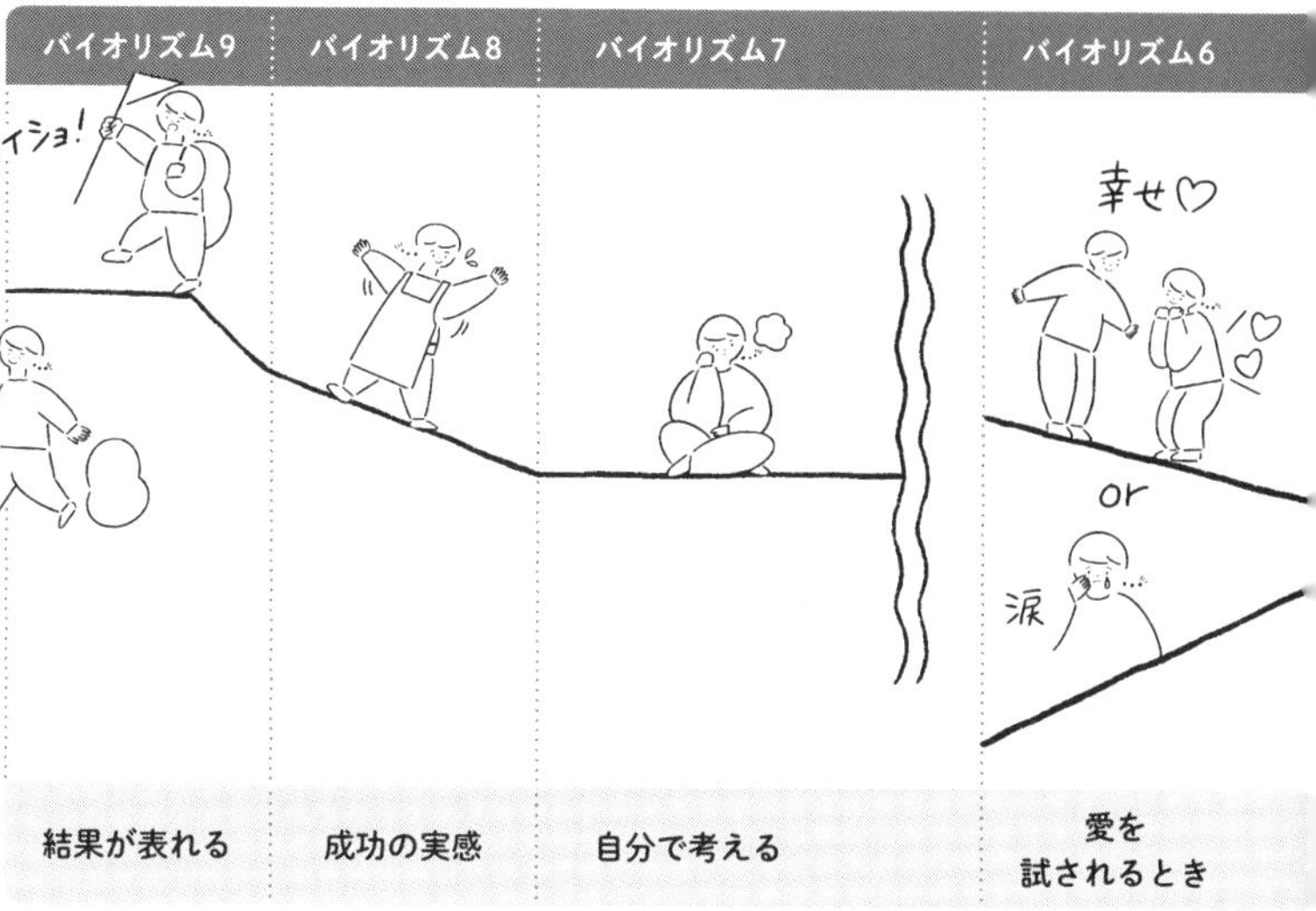

「11」と「22」は割愛しています

ただし、〔バイオリズム6〕から先は、人によってまったく違う風景であるようです。個人差がかなりあり、一概に「こういう年です」と言えなくなっていきます。

同じ8の年でも、8年越しの夢がかなう人もいれば、何も変化がない人もいます。特に〔バイオリズム6〕の年はその差が顕著に表れ、一生忘れられない幸せな瞬間が訪れる人、大きな悲しみに包まれる人、何も変化がない人と、それぞれまったく違います。

〔バイオリズム6〕以降の個人差について、私なりに研究を重ねた結果、次のようなことがわかってきました。

数秘は主体性を求める

数秘の教科書には、〔バイオリズム8〕は「成功する年、夢がかなう年」とあります。実際、私自身がこれまで経験した〔バイオリズム8〕は、わかりやすく夢がかない、自分の社会的ポジションが大きく変化するような出来事を得てきました。この本の編集者さんも、〔バイオリズム8〕の年に記録的なヒットが出たり、起業したりと、エポックメイキングな出来事があったそうです。

一方で、成功の年なのにその実感を得られない人もいます。

なぜ、夢もかなわず「何も起こらない」人がいるのか。

鑑定をしていくなかで、何も起こらない人の、あるふたつの特徴に気がつきました。

ひとつは、

・何も考えていない人

です。ぼんやりと生きている人は、〔バイオリズム8〕に成功を実感できません。きつい物言いに感じられたらごめんなさい。数秘は厳しい面もあるのです。

数秘の厳しさは、主体性を求める点にあります。自分の頭で考えず、「運がよくなればいいな」と受け身でいる人は、9年の波に乗れないことが多いようなのです。

長年、数秘を研究してきて、数秘は「教祖様」になることを避けている、と感じます。「この占い通りに生きていけば、幸せになります」というような絶対的な存在になることを拒否するのが数秘です。それよりも、「自分で考えるための道具として、数秘を使え」というメッセージが伝わってきます。つまり主導権はあくまで、使う側にあります。

「よい年ですか？　ダメな年ですか？」「8の年なのにいいことがなかったです」という受け身の姿勢は、数秘にそぐわないのです。だって、数秘は道具ですから。

私個人の解釈ではありますが、自分で考えて生きていくことが主で、数秘はあくまでその手助けとなるツールなのでしょう。

「希望を持ちなさい」というメッセージ

〔バイオリズム8〕の年に「何も起こらない」という人のもうひとつの特徴は、

・夢や希望をあきらめている

ことです。

鑑定でお会いする方のなかには、希望を持てない人もいらっしゃいます。「かなわぬ夢なら持っても無駄」「努力しても変えられない」という、かたくなな思い込みがあることが多いのです。

この思い込みを打ち壊すのにも、バイオリズムは使えます。過去を1年1年検証していくと、長いあいだをかけて、ちゃんと変わってきていることがわかるからです。「変えられる」とわかれば、心に希望が生まれます。

希望を抱いたことで、彼氏ができた人も出産した人もいらっしゃいます。それは、運命の力ではなくて、自分の力です。説得材料として、数秘のバイオリズムがあるだけだと思うのです。

〔バイオリズム1〕の時期に夢を描き、〔バイオリズム8〕を目指して生きていくのが理想ですが、途中の時期からでも大丈夫です。希望を持つことが生きる原動力だから、「大丈夫だよ、希望を持って、考えて生きていこう!」という数秘からのメッセージを、いつも心に留めておいてほしいと思います。

〔バイオリズム6〕の特異性

9年の周期のなかで、〔バイオリズム6〕だけは、色合いが違うようです。

私はまず、教科書で数秘を勉強して、そのあと鑑定を通して理解を深めていきました。鑑定をし始めたころ、〔バイオリズム6〕をうまく解釈できず、「6は当たらないなあ」と思っていました。〔バイオリズム6〕のテーマは「愛」で、教科書にはいいことばかり書いてあるのに、悲しみに直面する人が多い（または、何も起こらない人も多い）からです。

数秘を勉強して17年、鑑定を始めて12年の時がすぎ、のべ6000人ほどの方とじっくり話してきて、ごく最近、〔バイオリズム6〕は、9年周期よりももっと大きな流れのなかでの重大事が起こり、それも「愛する人がらみ」ということが見えてきたのです。

一生に何回も起こることではないから、何も起こらない〔バイオリズム6〕があるのだろうと思います。

誕生日に切り替わる

バイオリズムは「季節」のようなものです。季節に「いい」「悪い」がないように、バイオリズムにも「いい時期、悪い時期」というものはありません。

「この時期に何をすべきですか?」という質問をお受けすることもありますが、バイオリズムは「行動指針」ではありません。時期によっては「考えたほうがいいこと」「見つめたほうがいい問題」はありますが、それも人それぞれのこと。冬の寒いときに、こたつで丸くなるのも、スキーに行くのもそれぞれに楽しいように、自分なりに「1年ごとに切り替わる季節」を受け入れて、「今、この時期は、こんな季節だから、こんなふうになっているんだなあ」というような、そんな視点で楽しんでみてください。

私が、バイオリズムを通して伝えたいことは、**「時間はかならず切り替わる」**ということです。

切り替えの時期は、あなたの誕生日です。ですからバイオリズムが替わる時期は、人それぞれ違います(実感で言うと、誕生日の月初にはもう切り替わっている印象です)。計算方法は左ページの通りです。

バイオリズムを出してみよう

・知りたい年の西暦と自分の誕生日を足す

例　3月28日生まれの人が、2021年のバイオリズムを知りたい場合

! 「生まれ年」ではなく「知りたい年」を足すこと！

❶すべてを分解して、1ケタの数にして左から順番に足していきます。

3＋2＋8＋2＋0＋2＋1＝18

❷18をまた分解して1ケタにして足します。

1＋8＝9

2021年のバイオリズムは〔9〕

＊❶で１ケタの数字が出た場合はそこで終了です。
＊❷までの過程で、〔11〕〔22〕になった場合はそこで終了です。

・誕生日で切り替わる

例　3月28日生まれの人の〔バイオリズム９〕の時期は、
2021年３月から始まり、2022年2月末ごろ終わります。
そのあと〔バイオリズム１〕が、2022年3月から始まります。

年齢で考えるとわかりやすい

前ページで計算できましたか？

たとえば、２０２１年のバイオリズムを例に見ていくと、1月生まれの人の「２０２１年」は、２０２１年1月から始まり、２０２１年12月に終わります。

12月生まれの人の「２０２１年」は、２０２１年12月から始まり、２０２２年11月に終わります。12月生まれの人は、２０２１年で算出したバイオリズムの時期を生きるとき、実際の年号はほぼ２０２２年の時期に当たるのです。そのため、年号ではなく、自分の年齢で考えると切り替えの時期がわかりやすいでしょう。

少しややこしいので、自動計算のサイトをつくりました。**「現在」のあなたのバイオリズム**を調べることができますので、左のＱＲコードからサイトにいってみてください。

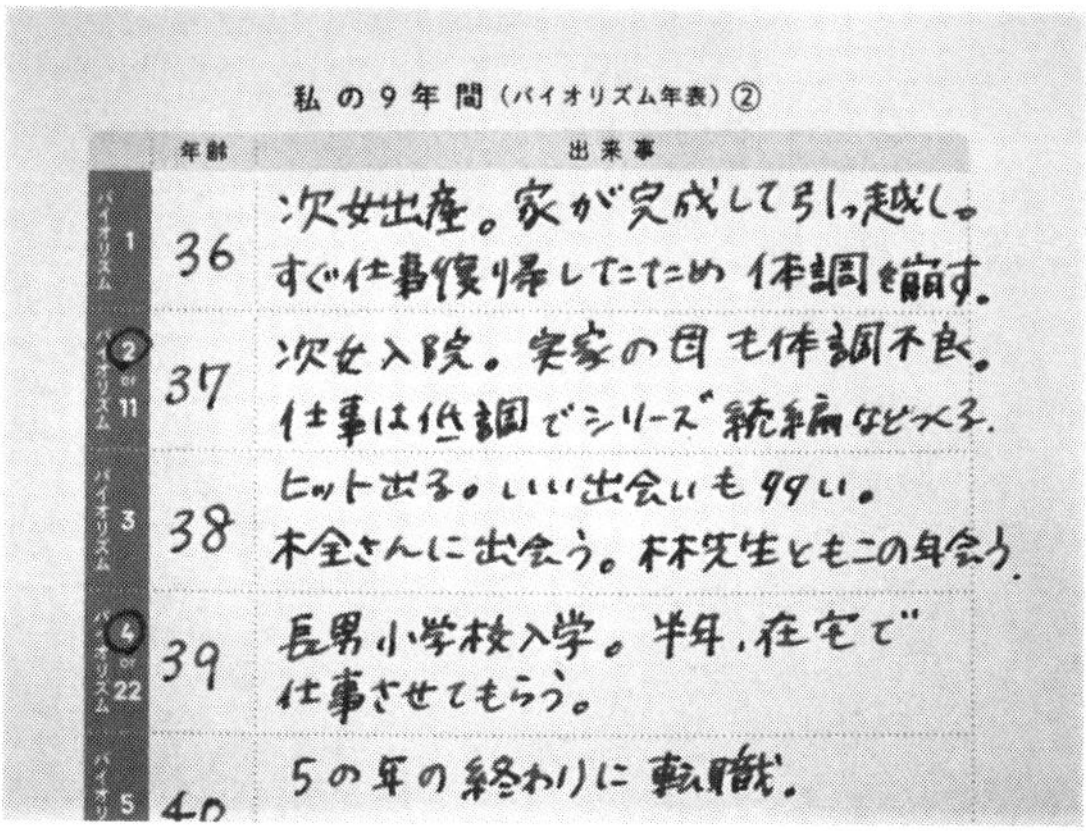

私の9年間（バイオリズム年表）②

	年齢	出来事
バイオリズム 1	36	次女出産。家が完成して引っ越し。すぐ仕事復帰したため体調を崩す。
バイオリズム 2 or 11	37	次女入院。実家の母も体調不良。仕事は低調でシリーズ続編などヒット
バイオリズム 3	38	ヒット出る。いい出会いも多い。木全さんに出会う。林先生ともこの年会う。
バイオリズム 4 or 22	39	長男小学校入学。半年、在宅で仕事させてもらう。
バイオリズム 5	40	5の年の終わりに転職。

年表をつくってみよう

次章からバイオリズムの説明をしていきます。各バイオリズムをより深く理解するために、年表をつくってみましょう。過去から現在までを振り返ることで未来の流れをつかみやすくなるので、ここでは3周期分の年表を用意しました。

過去をさかのぼるとき、「2」と「4」は「11」と「22」の可能性がありますので、注意して計算してみてくださいね。

私の9年間（バイオリズム年表）①

	年齢	出来事
バイオリズム 1		
バイオリズム 2 or 11		
バイオリズム 3		
バイオリズム 4 or 22		
バイオリズム 5		
バイオリズム 6		
バイオリズム 7		
バイオリズム 8		
バイオリズム 9		

私の9年間（バイオリズム年表）②

	年齢	出来事
バイオリズム 1		
バイオリズム 2 or 11		
バイオリズム 3		
バイオリズム 4 or 22		
バイオリズム 5		
バイオリズム 6		
バイオリズム 7		
バイオリズム 8		
バイオリズム 9		

私の9年間（バイオリズム年表）③

	年齢	出来事
バイオリズム 1		
バイオリズム 2 or 11		
バイオリズム 3		
バイオリズム 4 or 22		
バイオリズム 5		
バイオリズム 6		
バイオリズム 7		
バイオリズム 8		
バイオリズム 9		

第 2 章

9 つの
バイオリズム

Personal Year 9
in Numerology

バイオリズム1

チャレンジの始まり

key word

スタート　アンテナ　心機一転　就職　転職　配置転換　新しい仕事
開業　開店　起業　結婚　離婚　変化　新しい恋　恋人ができる　誕生
新しい趣味　新しい勉強　進学　入学　合格　お金を使う　忙しい
違和感　消費　エネルギー満タン　発病　治療開始

BIORHYTHM 1

〔バイオリズム1〕の1年間

あなたは今、動く歩道に乗っています。

自分では歩くつもりがなかったのに、いつのまにか動き出してしまいました。

カバラ数秘術での〔バイオリズム1〕はこんな感じで始まります。

「スタートの年」と言われている〔バイオリズム1〕ですが、そのスタートは自分の意志で切るものではないようです。「いつのまにか何かが動き始めている」。そんなイメージです。

ですからあなたが頭で「こんなふうになりたいから、こんな目標を持とう！」と思っても、実際には違う運命がスタートしているかもしれません。

このスタートの時期は、自分の領域を出て可能性を広げる時期です。自分には関係ないと思っていた職業が選択肢に浮上するとか、結婚はあきらめていたのに異性から誘われたとか、外からくる「チャンス」に敏感になることで、「あれ？　ここに何か可能性がある？」と気づくでしょう。

「周囲の変化が自分の気持ちを変えてくれる→希望を持つ→行動を起こす」という流れがベストです。もちろん、何も変わらないときは、自分で変化を起こすのもいいことです。

とにかく、周囲がどんどん動き始めるので、自分自身やまわりの変化について、アンテナを張っていてください。

バイオリズムは1年で切り替わります。たった1年しかありません。1の時期は変化についていくこと、行動を起こすことが重要です。

行動するときのポイントは、

○　長期的展望を持つ
×　目先の成果を優先する

ということです。

何かに迷ったときは、自分自身に、こう問いかけてください。

BIORHYTHM

1

「私は、8年後に、どうなっていたいのか」

素直に自分の希望を見つめるのです。


「結婚して子どもがふたりぐらいいたらいいな」

「ベンツに乗りたい」

「独立して、お金持ちになっていたい」

「海外で暮らしていたい」


そんなイメージにもとづいて、目の前の行動を決めましょう。

あくまでイメージするのは8年後。目先の成果を求めすぎないように。

バイオリズムでピーク（8や9の時期）のときに、「全然いいことがありません」とおっしゃる方がけっこういらっしゃいます。

それは〔バイオリズム1〕のスタートの時期に「何も考えないで毎日をふつうに生きていました。目標なんて考えたこともなかったし、新しい行動もしませんでした」

という方です。すごくもったいない！　せっかくのチャンスなのに！

あなたがすべきなのは、自分がどっちの方向に向かっているのかを知ることです。

今、自分に何が起こっているのかを把握しましょう。

もしかしたらそれは体調の変化かもしれません。

かならずあなたの何か、どこかが変化するのでそれをとらえます。

そしてすぐ行動に移してください。一歩目を踏み出すのです。

一歩目とは、もしかしたら何かをあきらめることかもしれません。スタートらしいスタートではないかもしれません。

とにかく変化を敏感につかみ、その流れに懸命についていくべく行動することです。

金銭面では出費があるかもしれませんが、ケチケチしないように。〔バイオリズム1〕の年の出費は意味のある初期投資です。経費がかかるのは当たり前なので、お金をつかってください。

さあ、あなたに新しい目標が与えられました。元気に一歩踏み出しましょう！

ここからの9年間を有意義にすごしましょう！　応援しています！

［バイオリズム1］の波に乗るために

バイオリズムそれ自体は、「いいもの」でも「悪いもの」でもなく、寄せては返す波のように、自分でコントロールすることはできません。ここでは、その波を存分に味わい、乗りこなしていくポイントをアドバイスします。

①自分のまわりの変化にアンテナを立てる

いちばんもったいないのは自分のチャンスに気づかないことです。どんなに小さな変化にも、敏感になっておきましょう。キラキラした瞳で！

②気分を上げていく

新しい波に乗るためには、明るい気分でいることが重要です。怖がって「はじめの一歩」を踏み出せないようではスタートは切れませんぞ！

③「やったことのないこと」にチャレンジしてみる

乗ったことのない乗り物に乗る、行ったことのない場所に行く、飲んだことのないお酒なんかにも挑戦してみてください。自分の世界をどんどん広げましょう。

④お金や時間を費やす

大切なのは知ること、経験することです。そのためには経費がかかるかもしれませんが、この時期は自分に投資することが重要です。

⑤体調の変化に敏感になり、治療が必要ならば至急治す

病気の兆候があるかもしれません。早期発見、早期治療を心がけましょう。この病気と9年間のお付き合いになるかもしれません。まずは体の状態をたしかめてみてください。

⑥自分が何をしたい（したかった）かについて考える

前年の〔バイオリズム9〕の年、その前の8の年に何も成果を得られなかった人は要注意です。うっかりチャンスを逃していたかもしれません。今回はしっかり波に乗りましょう！　そのためには自分の欲望を意識します。ほしいもの、なりたい人物像

をイメージしてみましょう。

⑦転職や開業、起業など大きなスタートを切る

この時期に訪れるのは自分の本意ではないジャンルへの変革かもしれませんが、もしあなたにやりたいことがあるのなら、今ほどスタートを切るのに最適な時期はありません。苦労を引き受けるつもりで始めてみましょう！　8年後の夢に向かって！

BIORHYTHM 1

Lucky Item

モバイル機器　新しい服　車
新しい手帳　歩きやすい靴　未知の味

〔バイオリズム1〕TIPS

〔バイオリズム1〕の仕事

チャレンジする時期です。思いきって新しい仕事に飛び込んでみましょう。今までノーマークだった職種や会社にもご縁があるかもしれないので、ダメに決まっているというような思い込みを捨ててトライを。

はじめてのこと、はじめての人、はじめての場所に活路が見えます。

この時期の「はじめて」は気持ちよく動けたり、すんなりなじめたりできます。「無理に」「がんばってスタート」という色合いはありません。動き出してしまった仕事は止めないということが大事です。

仕事上何も変化がない、やりたいこともないという場合は、プライベートで変化を探すと、仕事への波及も期待できるでしょう。

〔バイオリズム1〕の恋愛

すでにパートナーがいる人は、新しく目標を持つといいでしょう。結婚でもいいし、いっしょに家を買う、ふたりでお店を始めるなど、今すぐかなわなくても、未来が楽しみになるようなふたりの計画を立ててみます。

相手がいない、もしくは今の相手とうまくいっていない場合には、新しい恋を探すことです。今まで友だちだと思っていた同級生が、恋の相手になることもあります。ずーっと断っていたお誘いに乗って飲み会に行ってみたらタイプの人を見つけた、という人もいました。

どんな時期でもチャンスはたくさんあるはずなのに、自分でダメだと思い込んでいることが多いと思います。恋こそバイオリズムの勢いを使って動かしたいところです。失敗したって次があります。「新しければなんでもあり！」の時期です。

〔バイオリズム1〕の人間関係

自分勝手になっているかもしれません。だれの言葉も耳に入らず、いつもは他人の意見を尊重する人でも、自分ひとりで決めて突っ走ってしまうとか。それでいいんです。人の意見を聞いていてはスタートできないこともあります。あなたの感覚が「今だ！　やれ！」と言っているのです。あなたの気持ちを優先してＯＫです。この時期は「自分が感じたままに動く」が正解なのです。

〔バイオリズム１〕の健康

この時期に不調がある場合には、その症状や病気と長いお付き合いになるかもしれません。異変があったらすぐにチェック、そして治療開始です。前回サイクルの９年間の結果としての病気かもしれません。これまでの生活習慣を見直すことも忘れずに。

BIORHYTHM 1
Lucky Acition

新しい経験　財布を開く　知らない場所で人と出会う
乗り物に乗る　スピードを上げる　汗をかく　みんなでお酒

BIORHYTHM 1

〔バイオリズム1〕のエピソード

〔バイオリズム1〕の時期に、どんなことが起こったのか。みなさんのエピソードを紹介します。

前年の〔バイオリズム9〕で、すべて消滅（仕事、肉体、魂……）し、そこから再生と復活の年でした。具体的には、ネイルアートの試験を受け始めました！　山口県に住んでいたのですが、九州の小倉までスクールに通い、友人にハンドモデルを頼んで、練習に明け暮れる日々でした！　動きのある勢いのいい年だったと思います。気持ちもピュアでしたし。（45歳・女性）

この方は現在、「耳の不自由な若い人にネイルアートを教える」という活動をしていらっしゃいます。仕事につながる前の「ネイルが好き！　自分が楽しい！」時間だったのだと思います。

小2の息子と、テレビで空手を見ていました。スパッと相手を倒す姿がカッコいいね～と話していたら、「こんなのぼくだってできるよ」と彼が言います。「習いに行ってみる？」と聞くと「やる！」という返事。ゲーム以外で自分から何かをやると言ったことのない子だったので、すぐに道場を探しました。先生に「お母さんもやってみたら？　やせるよ」とすすめられて、あれから8年。息子は早々に飽きて辞めてしまいましたが、**私のほうは今では黒帯になって、道場で子どもたちの指導をしています。**

（46歳・女性）

息子さんが狂言回しの役をやってくれましたね。きっとあなたの人生にとって何かに打ち込むこと、それを教えることが必要だったのでしょうね。

P193～197の「バイオリズム1」×「自分の数字」もぜひ参照してください。

バイオリズム2

取り越し苦労で立ち止まる

key word

立ち止まる　急に不安　躊躇　漠然とした不安　歩みを止めたくなる
だれかに背中を押してほしい　確認したい　これまでの行動は正しかったのか？
恥ずかしい　小さくなっていたい　思いすごし　危険はない
結果はまだまだ先　始めたばかり　何も起こっていない　自爆しそう　疲れた感じ

〔バイオリズム2〕の1年間

あなたは今、立ち止まっています。急に不安になりました。

自分の選択は間違っていたのではないだろうか？

そんなふうに自分に自信がなくなります。

いいことをお教えしましょう。

「みんな同じように急に不安になりますよ」

〔バイオリズム2〕はこの不安を意味するようです。〔バイオリズム1〕の勢いに乗って1年間がんばってきたあなたですが、ここへきていったん冷静になるわけです。

「去年のあの高揚した気持ちはなんだったんだろう？　もしかしたら誤った選択をしたのではないだろうか？」

そんな気持ちになっていたとしたら、それはあなたがうまくバイオリズムに乗った

BIORHYTHM
2

という証拠ですから安心してください。「今回のバイオリズムをとらえている！」とポジティブに解釈しましょう。

そもそも、〔バイオリズム２〕は憂鬱になる時期なのです。

「なんで憂鬱なのかわからない。つきとめられない。理由もないのに憂鬱。怖くなっちゃう、不安」。そんな感じです。

ひとつ年をとって〔バイオリズム３〕を迎えると、雲が晴れるような感じで憂鬱が消えていきます。自分の努力の結果で憂鬱がなくなるというより、自然に流れが変わり、まわりが動き出します。

さて、２の時期の不安についてですが、ハッキリ言って取り越し苦労です。

たとえばだれかに邪魔されているような気がしたら、それは思いすごし。

自分が間違っているような気がしてウジウジしていたら、それは自爆です。

同じサイクルのバイオリズムを歩む人でも、生年月日によって〔バイオリズム２〕と〔バイオリズム11〕のどちらかに分かれます。〔バイオリズム11〕の人は、「実際に何かがあっての不安」になりますが、〔バイオリズム２〕の場合には取り越し苦労です。

つまり「何も起こっていないのに、想像をふくらませて怖がっている状態」なのです。

前向きな気持ちに立ちかえって、努力を重ね、自分の新しいチャレンジを楽しんでください。なんの心配もありません。

知らないところを地図もなく歩かされている感覚になっているでしょうが、大丈夫！　1年後にはちゃんとご褒美が用意されていますから。

BIORHYTHM
2
Lucky Item

真新しいハンカチ　いつものミルクティー
好きな絵本　アロマオイル

BIORHYTHM 2

〔バイオリズム2〕の波に乗るために

バイオリズムそれ自体は、「いいもの」でも「悪いもの」でもなく、寄せては返す波のように、自分でコントロールすることはできません。ここでは、その波を存分に味わい、乗りこなしていくポイントをアドバイスします。

①前年からの行動を変えずに続ける

怖がる必要はありません。大丈夫、大丈夫。大切なのは、昨年立てた方針を変更しないこと。歩みを止めないこと。不安になってももう少しやってみましょう。できれば次の誕生日まで。

②お金や時間の無駄づかいはやめる

去年のような勢いはもうないはずです。時間やお金を費やすのにもちょっとブレーキがかかっていますよね？　ここでいったん見直し、無駄な支出か適正な支出かを判断しましょう。

③落ち着く・安心する

不安も心配もきっと取り越し苦労です。自分がダメであるような気がしても、まわりの状況をよく見て判断すれば、きっと大丈夫なのがわかるはずです。

④情報収集をする

状況をよく見てみるとまったくピンチではないのに、ピンチになっているような気持ちがします。不安な精神状態のなかで冷静に判断をするためには、情報収集が大切です。事実はどうなのか。実際の数字はどうなのか。自分はいいのかダメなのか。敵はいるのかいないのか。真実がわかればどんどん気楽になれますよ。

⑤行動をしぼる

〔バイオリズム1〕の時期のように、アクティブな行動を継続していると無理をしているような気になりますよね。そんな気がしたら、「この時期にするのは必要最低限の動きだけ」と決めて、行動を制限するといいでしょう。あれこれ手を出さず、本当に有意義だと思う行動だけします。自信が復活したらまた再開すればいいのです。

BIORHYTHM 2

〔バイオリズム２〕ＴＩＰＳ

〔バイオリズム２〕の仕事

前年の〔バイオリズム１〕に比べて、〔バイオリズム２〕はやる気がなくなる時期です。なんだか毎日つまらないなと思うかもしれません。

あるいは自分が１年間がんばってきた仕事に自信がなくなったり、間違っていたのではないかと不安になったり。ちょっと熱が冷めたような感じがすることもあります。

自分の立ち位置や行動を俯瞰できるようになるといいのですが、もしそれが苦手な場合はとにかく去年決めたことを継続してみる。去年始めた新しい仕事がしっくりこなくても、次の誕生日まではやってみる。

なぜならば「今は自信をなくして引っ込みたくなってしまう時期」だからです。でもそれは意識の問題です。「自分がダメであるような気がする」だけですから。まずは次の誕生日まで！　たったの１年です。

〔バイオリズム2〕の恋愛

「平穏無事な日々が幸せ」と肯定的にとらえられるといいのですが、実際には「なんか退屈だな～」とか、「私のパートナーは自分を愛しているのかしら」とか、自分の恋愛への信頼が揺らぐ時期です。

ほかの人を選ぶべきだったかもしれない、別れたほうがいいのかも……と思いつめたかと思うと、いやいや私はやっぱりパートナーが好きだと思い直したり。心のなかで堂々巡りをしていませんか？

ひとつアドバイスするとしたら、この時期に、別れる、同棲の解消をするなど大きなアクションを起こすことはおすすめしません。正常な判断がしにくい時期だからです。

次の誕生日にはこの焦燥感や不安感自体が嘘のように消えているかもしれません。

またパートナーがいない人にとって、〔バイオリズム2〕の時期の出会いにはあまり期待できません。あなたの判断は鈍っているかもしれないからです。

好きでもない人となんとなく付き合うなど、不安な気持ちから本意ではない行動をしがちです。

とにかく今はジタバタしてもしかたがないので、思いきって「流されちゃって」ください。

決断は先延ばしで。ハッキリさせるのは次の誕生日です。

〔バイオリズム2〕の人間関係

周囲の人々のなかで、自分だけが浮いているような気がします。自意識が過剰になりがちです。

友人の何気ないひと言が気になってたまらない、仕事でされたダメ出しを必要以上に気にして身動きが取れなくなるとか。

不安なんですよね。不安を無理に解消しようとせず、ここはひとまず何も考えずにこれまでやってきたことを継続しましょう。

がまんせずに弱音を吐いてもいいですよ。でも行動は続ける。人のやさしさを信じてみてください。

〔バイオリズム2〕の健康

ストレスが体に影響しやすい時期です。精神面で追いつめられないように。前年からの不調を抱えている人は、引き続きまじめに治療や養生に励むことが大切です。悪い想像や恐怖心に負けないように、外に出て深呼吸と適度な運動をしましょう。

BIORHYTHM 2
Lucky Acition

いつもの香り　森林を歩く　決まったコースの散歩を早朝に
長いスカートを身につける　夜型よりも朝方　パラソルを開く

BIORHYTHM 2

〔バイオリズム2〕のエピソード

〔バイオリズム2〕の時期に、どんなことが起こったのか。みなさんのエピソードを募ってみましたが、「何も起こらなかった人」がほとんどでした。

「なんか不安じゃないですか？」と聞かれるまでは自覚がなかったのですが、ぼんやりと不安で、同僚の言動や上司の指示の出し方などがいちいち気になる感じ。がまんできないほどでもありません。
（32歳・女性）

いかにも〔バイオリズム2〕って感じです。周囲の状況は昨年と何も変わっていないのにあなたの感覚がしんどいほうにフォーカスしてしまい、敏感になっているのでしょう。同じことを言われても来年の今ごろはぜんぜん気にならないと思いますよ。

P198～201の〔バイオリズム2〕×「自分の数字」もぜひ参照してください。

バイオリズム11

イラつく人の出現

11

key word

一瞬立ち止まる　不安　躊躇　イライラする　やめたくなる　邪魔されている感じ
自分の知らない裏があるのでは？　敵対している人　悪口を言われる
前進しづらい雰囲気　機嫌が悪い　わかってもらえない　結局何も起こらない
暗転しない　たいしたことはない　虚しい　エネルギー低下　やる気がなくなる

〔バイオリズム11〕の1年間

あなたは今、立ち止まっています。あなたはイライラしています。

だれかが自分を邪魔しているような気がします。

だれかが自分の悪口を言っているみたい。

そこで宿題を出します。


強い意志でそれを超越してください。

気にしないでいられるか、の修行です。


実際にだれかがあなたを邪魔しようとしているかもしれません。

それは、あなたが魅力的だからです。または、昨年の〔バイオリズム1〕の時期に、魅力的になりうる行動をしたからです。

たった1年で人から嫉妬されるほど、あなたが努力した結果ですね。

〔バイオリズム2〕の場合と違い、〔バイオリズム11〕は取り越し苦労ではなくて本当に何かの力が働いていることが多いようです。

たいていそれは、人がらみ。だれかからの、ねたみ、そねみ。仕事関係者かもしれないし、プライベートな友だちかもしれません。ここでの特徴は、「面と向かってはこない」「陰でちょっと悪く言われる」ということでしょうか。

いやな思いはします。邪魔されているわけですから。でも、戦う必要はありません。距離を置くのがいちばん。彼らはちょっとしたスパイスのようなもので、あなたのチャレンジを阻止することはできません。言ってみれば、あなたが雑音を乗り越え、チャレンジする力を強めるために配置された端役のような人です。ですから気にすることはないのですが、気になるものは、気になる。

でも、

『スルー力』を身につける
アンガーコントロールができるようになる
自分の正当性を、周囲に伝えられるよう説得力を高める

BIORHYTHM

11

など、今まで使ってこなかった力を身につけて、邪魔者を放っておける余裕を手に入れることができたらいいとは思いませんか？

今回のバイオリズムの意味は、あなたが雑音を切り抜けることにあります。

あなたなりの方法で、この時期を乗り越えてください。

「こんな卑怯な人間もいるんだー！」とショックを受けるかもしれません。でも、それこそが「勉強」なんです。「ずるい人もいるんだな」「人って弱いんだ」。そんな学びを得ることで、あなたに人間的深みが加わります。

ひとつよいことをお教えしましょう。

その人は来年には消えます。

死んじゃうわけじゃないですよ。

あなたに反感を持つのも一過性のことというわけです。

また、特定の他者の存在がなくとも、イライラしたりちょっと怒りっぽくなったりするのが「バイオリズム11」です。思い通りにならなくて、なんとなくプリプリしてしまうかもしれません。これもまた、自分の心が生み出した「雑音」を乗り越える修行だと思って、スルー力を身につけましょう。

〔バイオリズム11〕の波に乗るために

バイオリズムそれ自体は、「いいもの」でも「悪いもの」でもなく、寄せては返す波のように、自分でコントロールすることはできません。ここでは、その波を存分に味わい、乗りこなしていくポイントをアドバイスします。

①行動を変えずに続ける

前年の勢いは弱まるかもしれませんが、考えすぎずに〔バイオリズム1〕の時期に始めたことを継続してみましょう。せっかく動き出したものを止めないように。どうせ、次のお誕生日には不安もイライラも消えているはずですから。

②お金や時間の無駄づかいはやめる

前年は「とにかくやってみる」年でした。そのために今までつかったことのない参加費や交際費、大切な時間を費やしました。しかしここでいったん出費を見直してみましょう。もし自分の身の丈に合わないように感じたら、支出を縮小してみるのがいいでしょう。まだまだ先は長いのです。

BIORHYTHM
11

③いやなうわさを耳にしても動じない

11という数字は、「人から理解されない」という意味合いがあります。それでも行動を続けるのが11らしい振る舞いです（191ページの〈11の人〉を参照してください）。

あなたは〈11の人〉ではないかもしれませんが、〈11の人〉に倣って、ここは思いきって無視をする練習をしてみてはいかがですか？　邪魔する人、つべこべ言ってくる人をスルーするのです。精神力を鍛えましょう。

④いやなもの、いやな場所、いやな仕事などに向き合う

見て見ぬふりをしている事柄がありませんか？「いつかやらなきゃ」と思っていることがあったらそれです。捨てようと思って何年も放置しているものとか、借りっぱなしのCDとか、いつかは向き合わなきゃいけない心配事とか。それについて前向きに検討してみてください。今すぐ解決しなさいということではありません。まずは逃げずに検討のテーブルにのせるだけでOKです。

⑤人間関係について探り、静観する

「なぜ腹が立つのだろう」「この人のどこが嫌いなんだろう」「自分がいつも言われてつらくなるのはなんというセリフだろう」。こんなふうに、自分の弱さに向き合うこと、自分が嫌いなことを知っておくことがチャンスにつながります。今考えておけば、あとできっと「よかった！」と思うときがやってきますよ。

BIORHYTHM 11
Lucky Item

観葉植物　甘いお菓子　ゲーム　コミック
音楽を聴く機械（iPodなど）　アロマオイル

〔バイオリズム11〕TIPS

〔バイオリズム11〕の仕事

〔バイオリズム1〕をダッシュですごしてきて、ちょっと我にかえるような、立ち止まりの時期です。

新しい仕事に邁進して1年経ち、まわりの人間関係にも目をやるようになると、自分が浮いているような、共感を得られていないような不安な気持ちになります。

いつもと同じように出した書類が何かの間違いで受理されなかったり、作業が段取り通りに進まなかったり。接客業の方は、お客さんの言動にイラッとくることがあるかもしれません。

自分は非難されているのでは？

悪口を言われているのでは？

周囲の言動がとても気になります。しかし、実務では何も滞りはないはずです。去年よりペースは落ちるかもしれませんが、しっかりと継続していけます。

ただし、〔バイオリズム2〕と違ってたしかに邪魔者や非協力者がいるようです。しかし、あなたが気にしなければ何も起こっていないのと同じです。つまりあなたの気持ち次第ということです。

〔バイオリズム11〕の恋愛

あなたの恋愛に邪魔者が現れているかもしれません。それは恋のライバルかもしれませんし、あまりにも仕事に縛りつけたがる上司かもしれません。

しかし、何も心配することはありません。もしライバルが現れて、あなたのパートナーにアプローチしてきても大丈夫です。今出てくる人はたいした敵ではないからです。安心して恋を楽しんでください。

パートナーがいない人にとっては、出会いや進展に乏しく、ちょっとつらい時期かもしれません。友だちがデートしている様子がうらやましくてしかたないでしょう。だからといって焦ってもすぐに恋が生まれるわけではありません。ここはアンテナを立てて、どこに素敵な恋が落ちていそうなのかリサーチしておいてください。今起こすべき行動があるとすればそれは予行演習です。本番は次の誕生日のあとです。

BIORHYTHM 11

〔バイオリズム11〕の人間関係

ちょっと面倒な時期ではあります。悪い意味で気になる人がいるかもしれません。なんかムカつく人やひと言多い人が。でも、それで何かをやめてしまったり翻弄されてしまったりはしないでください。あなたは今まで通りに生きていけばいい。その人は、どうせ次の誕生日にはストーリーから消えてしまう端役の人です。

〔バイオリズム11〕の健康

イライラが体調に影響するかもしれませんが、重く考えなくてもいいでしょう。考えすぎないように忙しくしていることが◎。ひまをつくらないのがこの時期の健康の秘訣かも。遊びに忙しくしてもOKですよ。

BIORHYTHM 11 Lucky Acition

ヤケ酒　痛飲　のんびり昼寝　格闘技
大声で応援　野球場でビール
一駅前で降りて歩く　夜空を見上げる　車で遠出

〔バイオリズム11〕のエピソード

〔バイオリズム11〕の時期に、どんなことが起こったのか。みなさんのエピソードを紹介します。

これといった理由は思い浮かばないんですけど、なんだか機嫌が悪いんですよね。イラつく人はいるにはいるけど、いつものことっていうか。あの人はいつも自分に突っかかってくるよな～とは思ってます。（33歳・女性）

なんとなく機嫌が悪いんですね。ふわっとイライラ。でも幸いなことにたいした事件は起こらないはずです。そのなんとなくムカつくっていう気持ちも、次のお誕生日にはすーっと消えているはずですよ。

BIORHYTHM
11

息子の言動に振り回されてる感じがします。「こんなに言うことを聞かなかったかな?」って不思議に思います。もっと素直だったはずなのに。

（45歳・女性）

あなたが敏感になっているのかもしれませんし、息子さんが親の言うことを聞かない時期になったのかもしれませんね。どちらにせよ何かが変わったのでしょう。でも大丈夫。子どもは成長しますし、バイオリズムは変化します。次のバイオリズムは子どもを表す「3」ですから、来年はまたわが子をほほえましく思う季節になるでしょう。

P202～206の〔バイオリズム11〕×「自分の数字」もぜひ参照してください。

バイオリズム3

無条件に楽しい年

key word

気楽な雰囲気　年下の人との恋　かわいい人　かわいい動物　かわいい物
テーマパーク 動物園 美術館 気楽な旅 海外旅行 海外留学 学校 学生 趣味
芸術　音楽　歌　スピーチ　グルーブとビート　鉄道　飛行機　有給休暇
休息　成果を期待しない時期　うっかり　交通事故　転ぶ　喉を大切に

BIORHYTHM 3

〔バイオリズム3〕の1年間

あなたは今、ふわふわと宙に浮いています。

すごく自由な気持ちです。

無条件に楽しいことがあるので、存分に楽しんでください。

〔バイオリズム3〕は、〔バイオリズム1〕で始まった大きな流れのなかで、「おまけ的なご褒美」という意味合いがあります。たとえば、仕事をかんばっているときに、おいしいお菓子の差し入れが入るような、そんなご褒美です。

数秘では、〔バイオリズム1〕から9年かけて目標を成し遂げると考えられています。そのなかで、〔バイオリズム3〕は、本筋の大きな流れから少しはずれた楽しさを表します。

今年は大きな流れにおいては目に見える成果がないかもしれませんが、息抜きのような1年になります。

努力の継続は必要ですが、焦ったり悩んだりするのはいったんやめにして、「楽しいな」と感じることに意識を向けて、ただ「楽しんで」ください。

キーワードは「かわいい」。このひと言でピンとくるものには近寄ってみましょう。仕事や勉強よりもプライベートに喜びが多いでしょう。お子さんがいらっしゃれば、子どもといっしょにいることに幸せを感じるでしょうし、ペットと触れ合うことにしみじみ喜びを感じることもあると思います。

年下の人との恋愛が始まったり、おもしろいサークルを見つけて加入したり、変化に富んだ1年になるはずです。

〔バイオリズム3〕では、「うっかり」に注意してください。なぜならば「どこかしら、地に足がついていない感覚」になるのが、この時期の特徴だからです。

深く考えずに軽率な振る舞いをしてしまったり、気持ちがお留守になって転んだり、階段を踏みはずしたり。大きな事故でなくてもやっぱり痛いですからね。自分をしっかりキープするよう心がけてください（ちなみに私は、この時期に自転車で停まっている車に突っ込むという事故を起こしました）。

BIORHYTHM

3

ウキウキチャラチャラしていていい。好きなことだけしていていい。
つらいことはしなくていいし、逃げていい。
ただし、「うっかり事故」には気をつけて。

〔バイオリズム1〕で一歩を踏み出し、〔バイオリズム2〕で我に返り、3で軽くなってはめをはずす。
そんな流れです。

［バイオリズム3］の波に乗るために

バイオリズムそれ自体は、「いいもの」でも「悪いもの」でもなく、寄せては返す波のように、自分でコントロールすることはできません。ここでは、その波を存分に味わい、乗りこなしていくポイントをアドバイスします。

①「まじめ」をいったん休む

昨年は辛抱の1年でしたよね。今年は神様から「休憩だよ～」と労われていると思って、息抜きをしましょう。バイオリズムは9年サイクルです。今は3年目、あと6年もあるんですよ。焦らないで気分転換。努力を一度休んで遊んでみましょう。時間の無駄づかいも、ときには重要です。

②遊びに出かける

休暇を取りましょう。そしてお出かけしましょう。楽しいことに向かってGOです。海外旅行に行くのもおすすめです。新しい視点が生まれたり、刺激を受けてひらめいたり。きっといいことがあるでしょう！　でもうっかり事故には気をつけてね。

③ケガとミスに気をつける（自転車、階段など）

この時期は意識がふわふわと抜けている瞬間が多いようです。「あれ？　今、何してたんだろう？」と思うような空白の一瞬が。しっかりまわりを見ましょうね。

④子どもや年下の人、動物などに関わってみる

幸運が訪れるのはしかめっ面でいるときではありません。笑顔でいるときです。いっしょにいると思わずほほえんでしまうような人といっしょにすごしましょう。特に「若い、幼い、かわいい、小さい」などの形容詞が似合う相手がピッタリ！

⑤息抜きするところと慎重になるところのメリハリを

「バイオリズム3」の時期だからといって、1年間ずっと仕事がお休みなわけではありません。仕事や勉強をするときはそこに集中。気分転換をするときには「仕事のことは微塵も考えない！」くらいの勢いで楽しむ。メリハリが大切です。どっちつかずでふわふわしていることが、いちばんよくないのです。

⑥人生って楽しいな、と感じる（来年は退屈なので）

今年のラッキーは、来年を乗り越えるためのエネルギー注入のようなものです。楽しい思い出をつくり、来年も引き続き楽しめる趣味などを用意しておくのがいいでしょう。来年ひどい目にあうということではありませんが、今のうちに準備しておくと、「わかってる。別に成果が出なくたって、成長しなくたって驚かない」と泰然自若としていられるのではないでしょうか。

BIORHYTHM 3

Lucky Item

帽子　日傘　コンサートチケット　入場券　自転車　地図

BIORHYTHM 3

〔バイオリズム３〕ＴＩＰＳ

〔バイオリズム３〕の仕事

新しい発想、今までにない視点、新しい仲間などが、今期の仕事のキーワード。「デザインのよさ」や「使い勝手の向上」から、売り上げが伸びるイメージです。ワクワクしながら楽しく仕事できるでしょう。

９年周期のなかでご褒美のような１年になりますが、今回のご褒美は〔バイオリズム１〕で掲げた大きな目標や人生の夢とは関係がないようです。むしろそこから目を離し、気楽に遊んだり息抜きをすることが主眼です。

本筋をサボってもよし、休んでもよしというルールにしましょう。がんばるのではなく「楽しむこと」をしましょう。

〔バイオリズム３〕の恋愛

パートナーのいる方は、ふたりで海外旅行などに行かれてはどうでしょう。いつもと違う場所、知っている人がいない場所ではめをはずしてみてください。

旅行が楽しかったからといって、すぐに思い通りの展開になることはありません（結婚とかね）。でもじゅうぶんにエネルギーの補充ができると思います。この時期、大切なことはエネルギーの補充ですから。

パートナーのいない方へ！〔バイオリズム3〕には「年下」という意味があります。年の離れた若いパートナーと出会うチャンスです。楽しい場所、早朝、知らない場所、知らない人、知らない音楽、文化の違い、国籍の違い。そんなところに恋が落ちているかもしれません。未知の世界に足を踏み入れ、思いきった行動をしてみましょう！

〔バイオリズム3〕の人間関係

慎重さに欠ける時期なので、あなたのひと言でちょっとした波乱が巻き起こるかもしれません。しかし、気にする必要はありません。もし何かトラブルがあっても「ごめんなさい！」と素直に謝ってしまえばいいだけです。

むしろしがらみがなく自由に動ける今だからこそ、新しく知り合った人と交流を深めたり、これまで仲よくなれなかった人に気軽に声をかけたりするべきです。

〔バイオリズム3〕の健康

うっかりのケガに注意の時期です。また、忙しすぎたり自分の体調に無頓着で遊びすぎたりすると病気になるかもしれません。自分のエネルギー量をちゃんと把握する必要があります。疲れたら休む。当たり前のことですが、この時期は特に注意して休憩してください。

BIORHYTHM 3 Lucky Acition

動物をなでる　自転車に乗る　海外旅行　新しい言語を習う
外国の友だちをつくる　バンドを結成する
ラップバトルをやってみる（笑）　目立つコスプレ　ゲームに興じる
年下との照れくさい恋　熱を上げる　何かに萌える

〔バイオリズム3〕のエピソード

〔バイオリズム3〕の時期に、どんなことが起こったのか。みなさんのエピソードを紹介します。

近所の飲み屋で顔なじみだった10歳下の男性と、なんとなく付き合うことに。年下なんてありえない！　と思っていたのですが、案外しっくりきて、今では同棲しています。全然年下だとは思えず私のほうが甘えています。そんな自分の変化に自分がいちばんびっくりです。

（43歳・女性）

よかったですね〜。年齢なんて気にしないで、目の前の人の本質を理解したからでしょうね。3の時期にすごく年下の人と接近するというエピソードはよくお聞きします。「色眼鏡で見ない」というのも3の時期のよさかもしれませんね。

急に、本当に急にアイドルに目覚めました！　毎日とても幸せな気持ちです。ファンクラブに入って抽選でコンサートチケットが当たったりして！　コンサートはひとりで行きますが、その場で会えるファン友だちができました。なんて幸せ！　もっと早く目覚めればよかった！　もう活動休止しちゃうのに！！！

（47歳・女性）

おめでとうございます。〔バイオリズム3〕にピッタリの行動ですね。今のうちにエネルギーチャージしましょう！　来年に備えて！

小学4年生の娘がダンス教室に通い始めました。娘にはダンスの才能があるみたいで、どんどんうまくなっていく姿を見るのが喜びです。彼女ががんばっている姿を見ていると、胸がきゅんとなるような感動があるんです。
（39歳・女性）

お子さんと楽しめる時期です。もしかしたら来年にはお子さんの伸びが感じられなくて、イライラするようなことがあるかもしれません。そう感じたら「ダンスをしているのは自分ではなくて娘なんだ」と距離を置き、少し離れて応援しましょうね。

去年は〔バイオリズム3〕でしたが、誕生日翌日、車を運転中に子どもがぶつかってくるという災難がありました。よそ見しながら自転車を運転していたようです。私に過失はなかったのですが、注意勧告だと思いました。うっかりミスも多かったです。ガスの空き缶の空気を抜こうとして、ドライ

バーの先で自分の手を突いてしまうという……。全治2週間です。おかげで家事はひと休みできました。後に、百円均一の店に簡単にガスを抜く道具があると知りました。あとは道路標識に気づかず、違反してしまい、ゴールド免許ではなくなりました。（42歳・女性）

怖いですよね～。3の時期は「え？　今、私何してた？？？」というような空白が出現します。痛い思いをなさったでしょうが、「気づけてよかった！」という経験になったはずです。

P207～211の［バイオリズム3］×「自分の数字」もぜひ参照してください。

バイオリズム4

地道な努力

key word

継続は力なり　地道な努力　コツコツやる　結果を求めない
先のことを考えない　目の前のことに没頭する　ストレッチ　ヨガ
自分なりのルール　人の言葉に翻弄される　お香　リラックス
カゴの中の鳥　狭い視野　手元　手の届く範囲　動かない　イライラ

〔バイオリズム4〕の1年間

あなたは今、各駅停車の電車で遠方に向かっています。

「いつ着くのかな？　あとどれくらいこの電車に乗っていなくてはいけないのかな？」と退屈になっています。でも、電車を降りることはできません。

〔バイオリズム4〕は、まじめに地道に努力する1年です。

地道な努力なんていやだな～と思ったあなた。今年が9年間の肝ですよ。この1年をコツコツとやり遂げた人に成功や成就は訪れます。

スタートでやる気を出し、次の年で冷静に自分の行動を省みて準備を整えました。去年はなんだかウキウキした気分で1年を送り、そして今年を迎えました。

実働に専念するときです。これまでの流れを、コツコツと継続することに意味があります。

結果はすぐには出ません。新しいチャンスもほとんどありません。

とにかく、これまでのことを継続する。

この1年の乗り切り方は、

「迷わない。考えない。決めたことを決めたように続ける」。

これに尽きます。別の道に進みたくなったとしても、ここでの方向転換はかなりむずかしいと思います。もし今、何か不都合があるようでしたら、来年のキーパーソンの登場を待つべきです。

どんどん成果が上がって、どんどんやる気が出てくる！というような時期ではないので、イライラすることがあると思います。

イライラしたときは、短期的な目標を達成していく意識でいてください。

今日、明日、今週。

与えられた仕事、日常生活をコツコツとこなすイメージです。

小さいことを積み重ねる感じにしていってほしいのです。

この時期のつらさは、動けないこと。

でも、身動きが取れない息苦しい日々のなかでコツコツと継続していると、この1年を抜けたときに結果が出ているはずです。

［バイオリズム4］の波に乗るために

バイオリズムそれ自体は、「いいもの」でも「悪いもの」でもなく、寄せては返す波のように、自分でコントロールすることはできません。ここでは、その波を存分に味わい、乗りこなしていくポイントをアドバイスします。

①「継続は力なり」を地でいく

ただただ目の前のことをコツコツと続けていく。続けていくと、昨日よりも今日、今日よりも明日、明日よりも明後日と、上手になったり、結果が出たりするものですよね。この時期、邪魔は入りません。ただ自分の気持ちに負けなければいいのです。次のお誕生日には相当な成果が出ていることに気づくはずです。

②思い通りにならなくてもあきらめない

「これくらいやったらここまで進むだろう」と期待するのは、当たり前のことです。でもこの時期に、物事は進みません。「邪魔されてるのかな？」と思うくらい進みません。かといってほかの方法も見つけられない。方向転換もできない。イライラするかもしれません。でもね。逆に考えるとものすごく平和ってことなんです。集中できる時期ということです。ものは考えようです。

③先のことを考えない

遠い未来のことは考えない。考えるのは今日と明日と今週のことくらいまで。やるべきことを黙々とやる。それがつらくても慣れてしまえば、集中力と継続力という武器を手に入れることができます。重要なのは考えることではなく行動することなのです。

④淡々と生きる、行動する

〔バイオリズム４〕の時期の最大の敵は「自爆」です。「あ〜もういやになっちゃった！」っていうやつです。それさえなければ、ゆっくり進もうと急いで進もうと道はひとつです。心よりも口よりも今は手を動かす。足を動かす。動かしたぶんだけ成功に近づくことを信じて。感情の起伏に振り回されてはいけません。

⑤方向転換しない

この時期に方向転換をすると「今までやってきたことを投げ出す」「全然違う道ではじめからやり直す」ことになります。今は情報が足りません。頭のなかでぐるぐると考えているだけですから。次の誕生日まで待ってキーパーソンから情報をもらいましょう。次のバイオリズムは「出会いと情報」です。それまでは継続。

BIORHYTHM 4

Lucky Item

いつものかばん　定番のランチ　履きなれたスニーカー
文房具　日記帳　カレンダー

〔バイオリズム4〕TIPS

〔バイオリズム4〕の仕事

コツコツ何かを続けること、または単純作業を積み重ねたり力を蓄えたりする仕事内容であるならば、はかどるでしょう。職人的な仕事（物づくり、修業、鍛錬）や何かを繰り返すような仕事も、いいペースで継続していけるはずです。

逆に言うと、コツコツ積み重ねる以外の仕事に動きは出にくい時期です。

刺激がなく、日々閉塞感があってイライラしがちなので、この時期は**ストレス解消も仕事のうち**だと思ってください。〔バイオリズム4〕は、とにかく体が硬くなりがちなので、体を動かすのがよいでしょう。ヨガや自分の好きな種類のダンスなど、体をゆるめるような運動は、単調な日々のよい息抜きになります。仕事の合間に、ちょっとした体操をするなど、意識して体をゆるめましょう。

〔バイオリズム４〕の恋愛

ひと言で言うと「マンネリ」。でもかならずしも刺激があるのが幸せというわけではありませんよね。つまり平穏無事な幸せを感じられる1年間です。いつもの場所でいつもの相手といっしょにいるというのが、いちばんしっくりくるでしょう。イライラしないでくださいね。何かを変えたい場合には次の誕生日以降です。

パートナーがいない人は、恋愛以外のこと――お金のことや仕事のことに力を注いでみるとしっくりくるでしょう。恋の相手がほしいという人は、次の誕生日以降に狙いを定めて、体のメンテナンスをしたり、ダイエットをしたりなど、準備しておいてください。

〔バイオリズム４〕の人間関係

刺激の少ない時期です。新しい人間関係をつくれるようなチャンスもあまりありません。

新しい出会いがないときは、今までの人間関係をじっくり味わい深めていくいい機会です。広く浅くではなく、狭く深い関係を楽しむ時期になるでしょう。

〔バイオリズム４〕の健康

体が硬くなりがちです。姿勢が悪かったり、運動不足になっていたり、同じものを食べ続けたりしていると、免疫力が落ちやすいでしょう。軽い運動とストレッチ。心地よい音楽や軽い散歩。自分の体を解放するように心がけてください。

BIORHYTHM
4

Lucky
Acition

マッサージ　サウナに通う　鍼灸　図書館で読書
お金を数える　貯金のシミュレーションをする　家の間取り図で妄想
本当に仲のよい人との静かな会話　30分早起きして公園で深呼吸

〔バイオリズム４〕のエピソード

〔バイオリズム４〕の時期に、どんなことが起こったのか。
みなさんのエピソードを紹介します。

ふたりの方のエピソードを続けてご紹介します。

夫との価値観のズレにがまんができず離婚を決意。長年にわたる精神面でのストレスに心身の限界がきました。夫は「変わるから半年の猶予をくれ」と言いました。逆上されるのが怖かったので、その場で提案には承諾したものの、その半年間で部屋を探し、だれにも相談せず着々と準備を進め、離婚にこぎつけました。４の年は、迷わない、決めたことを遂行する年でした。

（52歳・女性）

印象深い〔バイオリズム4〕は10代のころでした。小さいころから通っていたスイミングスクールのインストラクターになりたくて、「絶対になる！」と決めて、なれる自信もあったので、別のスクールでインストラクターをしながら、何度も何度も募集があるか聞きに行っていました。結果、努力が実を結んで無事に就職できました。なんの根拠もないけど自信や意欲があり、自分自身を信じていたなと、振り返ってみて笑っちゃいます。

（45歳・女性）

おふたりの共通ポイントは、**大きな決意があっての「地道な準備・計画の遂行」**ということですね。非常に〔バイオリズム4〕らしいなと思います。

BIORHYTHM 4

子どもが小さいのでまだ仕事に復帰できないのですが、「今のうちにできることをやっておかなきゃ、勉強しなくちゃ」と思って焦っています。このままではダメな人間になってしまうような気がして。なんとかしなくちゃって。

（33歳・女性）

今は先のことを考える時期ではありません。今日のことを考えましょう。お子さんはどんどん成長します。記録をとっておくといいですよ。「今日は『まぁ』って言った」「今日は『まんま』って言った」など。1週間前にはできなかったことをするようになっていますから。日々を味わいましょう。

P212～216の「バイオリズム4」×「自分の数字」もぜひ参照してください。

バイオリズム22

大仕事を成し遂げる

22

key word

冒険　化け物　難敵　敵を倒す　困難　はじめての経験　今までとは違う目線
財宝　宝物　トレジャーハンター　世界を守る　荒野に乗り出す
上のステージ　出世　努力→成功、逃げる→今のまま　レアなチャンス
ご褒美は1年後　報われる努力　世のため人のため　実利　賞金　栄転

〔バイオリズム22〕の1年間

さあ、扉が開かれました！

あなたが冒険に出発するときがやってきたのです！

私はこの「22」というバイオリズムが大好きです。

確率的にすごく珍しく、計算上は「4」の代わりに入ってくるバイオリズムなのですが、「22」のムードは「4」とはまったく違います。ワクワクします！

あなたは荒野へ冒険に出かけました。途中、妖怪や怪物が現れます。幸いにもあなたの努力で敵を倒すことができます。あなたの勝利は決まっているのです。

ただし、努力なしには無理です。いつものあなたよりもいっそうの努力が必要です。

しかし、その結果は驚くべきものになるはずです。

〔バイオリズム22〕の時期にいるあなたは、自分が今、冒険に出ていることを自覚しなくてはいけません。ここ十何年もやってきたふつうの生活とは違います。

しかし、この冒険を自分で選ぶことはできません。

「よし！　ここを目指して、こんな冒険コースを選択しよう！」というわけにはいかないのです。

〔バイオリズム22〕は流されて始まるところが特徴です。

「なんか、やるはめになっちゃった」という感じです。

勇者もいろいろありますが、「オレが行く！」ではなくて、

「ええ〜？　オレ〜？　いやだよ〜！　オレしかいないの〜？」

と言いながら渋々出かけるイメージです。

ですからこの時期の変化にはしたがってください。

仕事での配置転換や主役の抜擢、試合へのエントリー、役員への推挙など、ふだんだったら断ってしまいたいこともあえて受けてみるのです。

たとえば平社員から部長に大抜擢されたり、ずっと総務だったのに営業職に配置転換されたり。

「やったことない……大変すぎて地獄だ！」と言いながら必死に努力していると、「あれ、案外できるかも」と力がついていく。それで、やっと慣れたと思ったら、さらに

BIORHYTHM
22

困難がやってきて、負荷も大きくなって。でもみんなが自分に期待しているからやるしかない。問題が起こるたびに、しょうがなく一つひとつやっつけていく。

ドラゴンクエストの勇者をイメージして取り組んでください。

今を冒険の途中だと認識し、ベストを尽くし、死ぬ気でがんばることで、劇的に何かが変わります。

1年後には想像以上の大いなる宝を手に入れているはずです。

そしてその宝は、これからのあなたの人生を華やかに彩ります。大きな大きなステージアップにつながるのです。

〔バイオリズム22〕があなたに訪れたことを喜んでください。苦労もウェルカムで臨んで！　がんばって！

〔バイオリズム22〕の波に乗るために

バイオリズムそれ自体は、「いいもの」でも「悪いもの」でもなく、寄せては返す波のように、自分でコントロールすることはできません。ここでは、その波を存分に味わい、乗りこなしていくポイントをアドバイスします。

①いつもなら断ることをやってみる

役員や幹事などの面倒な役回りをふだんは断っている人であればあるほど、引き受けて得られるものは大きくなるでしょう。この時期に回ってくる役目は簡単にできるものではないはずです。成功の前には努力が要求されます。ですから「これは断りたい！」と思った任務や使命があなたのもとにきたときは、それこそがあなたに与えられたチャンスなんです。これはやってみなくっちゃ!!

「いやだな。面倒だな。自分には無理なんじゃないかな」と思うことにＧＯ！

②自分が１年後に成功していることを信じる

自分の成功を信じられなければ努力も苦労もいやですよね。でもこの時期は本当に

やり遂げられると思います。役目が回ってきたのは、むしろラッキーだと思いますよ。信じてやってみてください。

③息抜きをする

忙しいでしょうが、あえて休みをとる！っていう意識で、体も心も解放してくださいね。休日は布団から出ないで1日中パジャマでゴロゴロしたり、ネットショッピングで好きにお金をつかったりするのもよいでしょう。だって慣れてないことをやってるんですから。自分を労わらないと努力が続きません。

〔バイオリズム22〕の息抜きとしては、パートナーや友人に思いっきり甘えるというのがいいでしょう。家事をまったくやらないとか、何か買ってもらうとか。大変な役割を担っているので、周囲の人に労わってもらってほしいと思います。

④今の気持ちや行動をメモしてみる

1冊の本が書けるような経験をするかもしれません。この新しい経験はきっと一生の宝物になります。どうやって困難を克服したかの記録が、未来のあなたを励ましてくれるでしょう。

〔バイオリズム22〕を一度も経験できない人もたくさんいます。そういう意味でもあなたはラッキーで稀有な体験をしているのです。

⑤「努力の1年であること」を心得る

そもそも〔バイオリズム22〕の年は「大変な1年」になります。かなりの努力が必要だということを心得ておいてくださいね。そしてそれはかならず成功することも知っておいてほしいです。喜びを持って困難に立ち向かっていきましょう。

BIORHYTHM 22

Lucky Item

仕事の道具　新聞　ハンドタオル　ご褒美スイーツ
癒されるもの（ペットの画像、笑える動画）

〔バイオリズム22〕TIPS

〔バイオリズム22〕の仕事

22の特色は、仕事に関連した部分に顕著に表れます。たとえば重要なポジションに大抜擢される、地方の営業所の立て直しをする、若くして多くの部下を持つことになるなど、大きな役割を得ます。

そんなに派手ではなくても、いつもより仕事内容がキツイ、スケジュールが厳しい、目標値が高いなど「いつもとは違う」と感じたらそれは22の始まりです。「受けて立つぞ！」という意気込みでぜひがんばってほしいところです。

その業務が終わるころ、1年後にはそれまでとは違う自分になっていることでしょう。それはまわりからの評価かもしれませんし、大きな自信を得ていることかもしれません。

とにかく〔バイオリズム22〕は「がんばる」と心に決めて努力してください。努力した人だけが受け取れる宝物があります。

〔バイオリズム22〕の恋愛

恋愛の分野で、〔バイオリズム22〕の影響を聞いたことがありません。ですから〔バイオリズム4〕と同じように、パートナーがいる人は今まで通りの関係がキープされると考えられます。

しかし仕事の面での変化（転勤、転職、急な激務など）で、おのずと恋愛にも影響が出るでしょう。恋愛があとまわしになってしまいギクシャクするとか、逆にパートナーが自分を全身全霊で助けてくれるとか。仕事の変化に引っ張られるように恋愛関係も変わっていくかもしれません。それに応じてあなたの現在の恋愛の本質が見えてくるようです。でもこの時期の中心はやはり仕事ですね。

〔バイオリズム22〕の人間関係

〔バイオリズム22〕は人間関係の時期ではありません。

仕事の関係で新しい人に出会ったりはするかもしれませんが、親交を深めるというよりは、いっしょにがんばるという感じです。息抜きや慰労を兼ねて飲み会を企画したとしても、意見交換、情報交換のような雰囲気になるでしょう。人間関係でのお楽

しみは次の誕生日のあとです。

［バイオリズム22］の健康

まずは体にいいものを選んで食べる。お酒を飲みすぎない。時間があったらしっかり寝る。心労があったら人に話して共感してもらう。がんばっている時期ですので、次の誕生日までは体調をしっかり管理してください。

BIORHYTHM 22 Lucky Acition

息抜き　がっつり仕事　徹夜仕事　自分へのご褒美
河原で昼寝　大人の遠足　今まで見たことのない景色を見る

〔バイオリズム22〕のエピソード

〔バイオリズム22〕の時期に、どんなことが起こったのか。
みなさんのエピソードを紹介します。

ゆるゆると資格の勉強をしていた。今回は受験資格がないと思ってのんびりしていたのだが、急に制度変更があって受験資格ができてしまった！ あわてて勉強して受験！ 合格しました。大人になってこんなに勉強したのははじめてかも。
（36歳・女性）

合格おめでとうございます。**急な制度変更っていうのが22らしいです**。振り回されましたね。いっぱい勉強してやりきった感があるのではないでしょうか。チャンスをものにされましたね。

BIORHYTHM

22

本社の中間管理職だったのだけれど、支店長として転勤。地方のノリやしきたりについていくのも大変だし、部署のトップになるのもはじめてで、本当にキツかった。でも1年経つころには信頼関係もできて楽しい毎日になっていた。いつかこの町に戻ってきたいとさえ思う。
（44歳・男性）

ご苦労さまでした。すばらしい1年間だったんですね。この先には〔バイオリズム5〕の時期が待っています。慰労会のような年になると思いますよ。満喫してくださいね。

フリーライターです。〔バイオリズム22〕の時期、大きな企画の執筆を任されました。不安で吐き気がするほどだったけど、ふつうに生きていたら絶対に会えない各界の大物たちと会って話を聞き、すばらしい本ができました。一流の人たちと出会えたことが一生の宝物になったし、自分はできる人間だ！　と思えるようになりました。
（50歳・女性）

なかなかできないような経験をされましたね。**大きな仕事を受けたその時点で、もう成功は決まっていたのだと思います。**

P217〜221の〔バイオリズム22〕×「自分の数字」もぜひ参照してください。

バイオリズム5

出会いと喜び

5

key word

出会い　コミュニケーション　インターネット　いろいろな人
面倒な人　合わない人　刹那的な恋　肉欲　欲望　不倫　モテ期　チヤホヤ
肌ツヤ　動き　移動　旅行　配置転換　転職　就職　音楽　趣味　好きなこと
がまんしない　気持ちを抑えられない　料理　芸能　舞台　スポーツ

〔バイオリズム5〕の1年間

〔バイオリズム5〕はコミュニケーションの時期と言われています。
恋をするかもしれません。ひと目惚れや、なんとなくだれかが気になってしかたがないなど、今まで恋愛にご無沙汰だった人にこそ、つややかな気持ちがやってくるようです。また、自分のことを好きになってくれる人が現れるかもしれません。

この時期のあなたは、スクランブル交差点の中心に立っているようなものです。
あっちからもこっちからも人がやってきます。
人だけでなく情報もやってきます。
素敵な人もいますが、すれ違いざまに肩をぶつけてくる人もいるでしょう。
つまり今、あなたは混乱のなかにいるということです。
12カ月、365日のあいだに、たくさんの人に出会い、多くの情報を得るでしょう。

BIORHYTHM

5

あなたは昨年1年間を、コツコツとがんばることに費やしてきました。結果は見えないし、新しい展開もないし、退屈に思っていた人も多いはずです。

しかし今年、いろいろなチャンスや新展開が訪れます。そのひとつが恋です。

さみしい毎日を送ってきた方は魅力的な人を見つけてワクワクするでしょうし、パートナーはいるのだけれど刺激がほしいと思っている方はきっとターゲットが見つかります。

また、あなたにその気がなくても恋のアプローチがあります。つまり、あなたにモテ期がやってきたということなのです。

ただし！　よく聞いて！　ここ重要ですよ！

この恋は本物ではありません。一時的で刹那的な恋です。

〔バイオリズム5〕は体が活性化するのです。なんだかウズウズしてきたり、ソワソワしてきたり。恋は体の変化の先にあります。ですから一生をかける本物の恋というよりは体が求める欲望の恋です。この時期のあなたの魅力も体から発せられるものです。異性からのお誘いも増えるでしょう。

万が一、この恋が本物であるならば、それは来年〔バイオリズム6〕の時期に判明します。来年終わらなかった恋なら、本物です。

　刹那的な恋を楽しむのもよいと思います。鑑定で出会うクライアントのほとんどの人が、そうして一時の恋を楽しんでいるようです。ではその恋はどうやって終わるのだろう？と心配になりますよね。ひどい振られ方をしたらいやだなぁと。そのあたりはご心配なく。みんな、潮が引くようにその恋や相手に興味を失うようです。そしてこう言います。

「あれはなんだったんだろう？」。


〔バイオリズム5〕の時期は、9年の流れのなかで2回目のご褒美だと考えています（1回目のご褒美は〔バイオリズム3〕）。〔バイオリズム4〕の閉塞感から脱出でき、新たな局面を迎え、新しい視点を見つけられるからです。自由度がぐっと増し、すがすがしい風が吹くでしょう。〔バイオリズム22〕で冒険の旅に出ていた人は、打ち上げの飲み会のような楽しい時間をすごせるかもしれません。

〔バイオリズム5〕で得た新しい人脈や情報、そして「恋」をどう活かしていくのか。それは、来年にしかわかりません。混乱から逃れた次の年です。

〔バイオリズム5〕の波に乗るために

バイオリズムそれ自体は、「いいもの」でも「悪いもの」でもなく、寄せては返す波のように、自分でコントロールすることはできません。ここでは、その波を存分に味わい、乗りこなしていくポイントをアドバイスします。

① 目の前のチャンスに乗ってみる

昨年が窮屈だった人には待ちに待った変化の到来です。せっかく待ったんですからここでジャンプしてみないと！　新人が入って来たら真っ先に話しかけてみる。新規メンバーの募集があったら応募してみる。そのほか「新しさ」を感じたらＧＯです。大きなチャンスの入り口かもしれません。とにかくおもしろそうなら行動してみましょう！

② どんどん人と会う、誘いを断らない

この時期は出会いとコミュニケーションの時期です。たくさんの人に会い、新しい情報がいっぱい入ってきます。なかには間違っている情報も含まれます。でもそれが

間違っているかどうかは、たしかめた人にしかわかりません。未知の世界、未知の人脈をスルーするなんてもったいない！　まずは会ってたしかめてみましょう。

③方向転換をするなら今。転職や開業も○

昨年は決断するには情報が足りない時期でしたね。変わりたいという希望を持っていたとしても、そのまま継続してきたことでしょう。

今年、〔バイオリズム5〕の時期を迎え、やっと新しい扉が開きます。

たとえば、転職したかった人は、何社か候補が浮上してきて、やっと具体的な検討ができるタームに入れるのです。もちろん、実際に応募するのも、しばらく浮上してきた選択肢を眺めているのも、あなたの自由です。変化をとらえることが大切です。

④自分の体を喜ばせる

〔バイオリズム5〕の時期は体が活性化します。なんだかソワソワする、体がムズムズする。そんな気がしたらあなたがしっかりと波に乗れている証拠です！　体を使った喜びを味わってください。おいしいものを食べる、体を動かす、恋をする。どれも

BIORHYTHM 5

あなたの体を喜ばせることです。

新しい趣味やサークル活動などを始めるのもいいでしょう。思ってもみなかった自分の適性を新発見するかもしれません。「私、走るのが好きなんだ！　知らなかった！」ってね。

「自分には関係ない」と思っていたジャンルにこそ、〈バイオリズム5〉ならではの開花がありそうです。そしてそれは、意外と身近にあるものでしょう。

⑤旅行や食事会など息抜きをする

昨年が「がまんの年」だった人は、今年思いっきりはめをはずしてみましょう！

念願のヨーロッパ旅行、幼なじみと朝まで飲む、同僚たちとカラオケに行って大騒ぎして声をからす。などなど、パーッとやりましょう！　スッキリしますよ〜〜〜！！

きっとだれも文句を言いません。あなたの自由を謳歌する時間です。

BIORHYTHM 5

Lucky Item

新しいルージュ　揺れるピアス　ストール　爪みがき

BIORHYTHM
5

〔バイオリズム5〕TIPS

〔バイオリズム5〕の仕事

〔バイオリズム4〕で閉じ込められていた部屋から、抜け出すことができます。少なくとも新鮮な空気が吸える感じがするでしょう。

〔バイオリズム5〕の仕事はアイデアと情報とコミュニケーションがポイントです。職場の新人や違う部署の人、新しい同僚、新しい取引先など、人や情報によって職務のスタイルや方向が変わっていく変化のときです。いい人やいい情報ばかりではありませんが、多くの変化のなかには、役立つもの、背中を押してくれる人との出会いの瞬間があるはずです。ここは後ろ向きにならずに来るものを受け入れてみるべきです。常識に縛られてはいけません。

〔バイオリズム5〕の恋愛

〔バイオリズム5〕は恋愛にいちばんなじみがある数字です。恋の情熱やスキンシップなど、今まで封印していた体の喜びが爆発するような、大きな変化があるかもしれません。

よくお聞きするのは「好きな人ができた」という話です。それも一生をかける真剣な恋というよりは、「ちょっといいかも♡」「夫じゃ物足りないからこっそりと恋愛してます」といった社会的な関係ではない、動物としてイキイキしている感じの恋です。たいてい、その恋は刹那的なもので、次のお誕生日を迎えるころには「あの情熱はいったいなんだったのかしら？」となるようです。引き潮のように消えていくそうですよ。

もしあなたの前に恋が転がっていたら、楽しんでみたらいかがでしょうか。先が見えない恋だとしても、〔バイオリズム５〕の時期だからこその楽しみになるでしょう。

〔バイオリズム5〕の人間関係

９年周期のなかで、人間関係がピークとなる時期です。出会いと恋、コミュニケーションが目白押しです。しかし、多くの人との交流がある時期なので、気が合わない人にも出会い、いっしょにいるはめになることもあります。

あなたは、たくさんの出会いのなかから、おたがいを高め合えるような相手や、好きになれる相手を探していけばいいのです。焦る必要はありません。あなたが選べばいいのですから。

〔バイオリズム5〕の健康

飲みすぎ食べすぎに注意です。自分の欲望に負けてはいませんか。体を酷使するような遊びもほどほどにしましょう。「適度に」が重要なんです。

BIORHYTHM 5

Lucky Acition

誘いに乗る　街コン　合コン　彼氏募集中！と言ってみる
鏡を見る　オシャレをする　服を買う　転職　バイトを始める
楽器の演奏　野球やサッカーなどのチームスポーツ
うまい酒とおつまみ　カウンター越しの会話　夜の仕事

〔バイオリズム5〕のエピソード

〔バイオリズム5〕の時期に、どんなことが起こったのか。
みなさんのエピソードを紹介します。

夫と出会ったのは〔バイオリズム5〕のときです。しかもナンパという軽い出会い方だったので、まさか結婚するとは思ってもみなかったです。ちなみに夫はこのとき〔バイオリズム8〕でした。5年後の〔バイオリズム1〕のときに結婚しました。

（32歳・女性）

あなたにとっては「ちょっといいかも♡」程度だったのでしょうが、ご主人にとっては運命的な出会いだったのだと思います。1の時期に結婚というのも運命的ですね。その後おふたりで、さまざまな困難を乗り越えていらっしゃるのを伺っていると、「あ

BIORHYTHM 5

あ、人って出会うべくして出会うんだな」と思えます。すごく気軽な始まりだとしても。

私の職場は勤続年数が長い人ばかりで、変化がなくて先が見えてしまっていたと思います。そんな折、本社からめちゃくちゃ仕事のできる人が異動してきました。これまでの「当たり前」を見直すことになり、部署全体が引き締まったような気がします。ほかの部署との交流も始まって、いろんな意味で変化しています。ちょっと怖いような気もしますが、私個人としてはやる気が出てきました。

（48歳・女性）

あなたはきっと仕事が好きなんですね。もっとがんばりたいと思っておられたのでしょう。異動してきた方はまさにあなたのキーパーソンだったのだと思います。変化の嵐に巻き込まれるかもしれませんが、変わることを楽しんでみてください。

P222～226の「バイオリズム5」×「自分の数字」もぜひ参照してください。

バイオリズム6

愛を試されるとき

key word

愛情　選択　ショック　何も起こらない　家族の介護
大切な人の病気　大切な人やペットの死　家族　子ども　結婚　出産
婚約　まじめな恋愛　嫉妬　焦燥感　愛の確認　気づき　試される
何をすべきか考える　自分次第　思いやり　想像力　本物の愛　愛の成就

〔バイオリズム6〕の1年間

あなたの目の前に分かれ道があります。

右に行くか？　左に行くか？

〔バイオリズム6〕は、鑑定がいちばんむずかしい数字です。「よい」「悪い」を一概に言えない複雑な様相を持っているからです。

ほかの数字の場合、もう少し説明しやすいのです。バイオリズムは「ほぼよい時期」と「停滞気味の時期」を繰り返しながら9年目に向かっていきます。簡単に言うと、よい年の次にはちょっとした試練がやってくるし、つらい1年のあとには幸せが舞い込んでくると思っていていいでしょう。

しかし〔バイオリズム6〕の年だけは、良し悪しの予測ができません。

たしかに言えることは**該当する人の魂を揺さぶる**ということです。それがこれ以上ない幸せなことなのか、身を切るような悲しみなのかはわかりません。

人によっては結婚や出産、本気の恋を見つけるなどの最良のタイミングですが、逆に大切な人の困難に直面するなど厳しい時期である場合もあります。

ただどちらの場合も、「愛情が絡んでいる」ということが共通しています。

愛情は、あたたかくやさしくすばらしい側面を持つと同時に、嫉妬、憎しみ、恨み、喪失の悲しみ、別れといった「つらい」側面をはらんでいます。〔バイオリズム6〕の時期の複雑な色合いも、この「愛が持つ」特徴からきているような気がします。

ここでの「愛」は、仕事や物への愛ではなく、人間同士の愛です。自分ではなく、周囲の人に関係していることも多いようです。


大切な人に大きな出来事が起こる。

あなたは、愛を試される。

愛するために耐える。


そんなイメージなのです。

よくお聞きするのは、年老いたご両親の介護が始まったというトピックです。親の病気や老いは自分自身のことではありませんが、どのように関与していくかによって

はあなたの人生に関わる大きな問題にもなるでしょう。

このように「さあ、どうする？」と問題を提示されているような時期が〈バイオリズム6〉の年です。

パートナーや子どもに関する問題も起こりがちです。

たとえば、夫に重篤な病気が見つかった。妻と性格が不一致でがまんがならない。夫が不倫をしている。子どもの進路が心配でたまらない。

逆に、生まれてはじめて彼氏ができた。好きで好きでしかたがなかった人と結婚が決まった。不妊治療の末に子どもを授かった。

このような一生にそう何度も起こらないであろう幸せを手に入れるのも、「6」のバイオリズムの特徴かもしれません。

「6」という数字自体が「愛」を象徴しているといわれています。

なぜ？と聞かれても私には答えることができませんが、今までの鑑定経験で言えるのは、いつか「あなたの愛はかならず試されるでしょう」ということです。

今回〈バイオリズム6〉がやってくるあなた。自分は「どの愛を試されるのか？」ということを真剣に予想してみたらいかがでしょうか？

「そろそろ親が高齢だな」とか「ひとり暮らしはさみしいな」とか「子どもが受験を迎える」など、タイミング的に「試される愛」が用意されているはずです。

どんなことが起こっても、怖がることはありません。バイオリズムは1年で移り変わっていきますから。

またこの時期、何も起こらないこともあります。9年に1回のサイクルでやってくる〈バイオリズム6〉です。人生を揺るがすような大事件がそのたびにやってくるはずがありません。平凡な日々として通りすぎることのほうが多いかもしれません。

人生100年と考えると、一生のうちに〈バイオリズム6〉の時期が、9～10回訪れます。そのうちの2回、3回は大きな選択をする、というのが妥当なような気がします。

それ以外の〈バイオリズム6〉は「たいして何も起こらない」、もしくは「何かあっ

ても気づかない程度」と思っていてもいいでしょう。怖がらないでくださいということです。

あるサイキックリーダーの方に鑑定していただいたときに、ハッとしたことがあります。自分の体調の不安を相談したところ、その方は「寿命はしかたないからね」とおっしゃいました。自分にとっては生きるか死ぬかの恐ろしい大問題であっても、運命の側から見ると「しかたがない」ということなのかと。

人間は最後は死んで終わります。死が最悪な事態だと考えていると人間全員がひどい終わり方をすることになってしまいますが、それは違うのでしょう。もしかしたら〔バイオリズム6〕は、死の予行演習や見学という意味があるのかもしれません。

どんな人でもいつかは「自分が死ぬことよりもつらい愛」を体感するでしょう。

［バイオリズム6］の波に乗るために

バイオリズムそれ自体は、「いいもの」でも「悪いもの」でもなく、寄せては返す波のように、自分でコントロールすることはできません。ここでは、その波を存分に味わい、乗りこなしていくポイントをアドバイスします。

①大切な人に会いに行く

お父さん、お母さん、田舎のおじいちゃん、おばあちゃん、兄弟姉妹、いとこ、幼なじみ。好きな人、大切な人に会いに行きましょう。愛情を伝えるには期限がありま す。それをすぎると思い出だけが残ります。今会えること、話ができることを最高の喜びだと思ってくださいね。

②後悔しない選択をする

［バイオリズム6］では何かの決断を迫られるかもしれません。結婚や離婚、お子さんのこと、ご両親のこと、交際や別れ。決めるのはあなたです。ここでの選択が後の人生に影響を及ぼすでしょう。しっかり考えて、後悔を残さない選択をしてください。

迷ったときにおすすめの方法があります。あなたが１００歳になったときを想像します。今まさに人生を終える瞬間のあなたです。その１００歳のあなたに、どちらを選ぶか決めてもらいましょう。今現在、迷っているあなたではなく、長い人生を生き終わったあなたに、この目の前の問題を思い出してもらうイメージです。「あのときは大変だったけど、あの選択をしてよかった」と思えるほうを選んでもらってください。１００歳のあなたは今のあなたの最高の師です。

③助けを求めている人がいないか見まわしてみる

自分の大切な人に何かの変化があるかもしれません。それが大きな喜びであれば幸せですが、あなたの愛する家族や友人が困っているかもしれないのです。ぜひ故郷の家族やなかなか会えない友人に連絡をとって、大切な人の状況をたしかめてください。

④時間を愛する人のためにつかう

あなたがもし忙しい毎日を送っているとしたら、その時間を少しだけ家族や恋人、友人などに割いてほしいと思います。自分のために使っていた時間を少しだけ愛する人のために。自己実現のための勉強の時間も少しだけ。忙しいという理由で愛する人を大切にしないことを、今年だけはやめてみてください。きっといつか、そうしてよかったと思えるときがくると思います。

⑤失業や減給に向けて備える

翌年の〔バイオリズム7〕に離職したというお話をよく聞きます。ひとりになって勉強にいそしみ、じっくり自分について考える7の年なので、収入が減る可能性もあります。ぜひ今年から準備をしておいてください。備えあれば憂いなしですよ。安心して次の誕生日を迎えられます。

⑥つらい状況に「最大限の愛を持って」向き合う

この時期を「いいことが起こる、もしくはよくないことが起こる」と解釈するのではなく、あなたの心が揺さぶられる時期だと考えてください。

もし、最愛の人との別れが訪れようとしていたら、最後の時間を悲観するだけでなく、去っていく人との愛情の交換をされたらいいと思います。

出会ったことに感謝し、いっしょに生きてくれたことの喜びについて語り合いましょう。

もしかしたらまた会えるかもしれません。数秘の世界では生まれ変わりが信じられています。

BIORHYTHM 6

Lucky Item

携帯電話　手紙

〔バイオリズム6〕TIPS

〔バイオリズム6〕の仕事

比較的、仕事に関しては影響が少ないでしょう。「仕事よりも家族との時間を大切にするべき」時期なのかもしれません。

仕事一辺倒で生きてきた人は、両親と食事をする、祖父母の顔を見に行く、恋人をつくる努力をしてみるなど、自分の愛について一度立ち止まって考え、行動してほしいと思います。

〔バイオリズム6〕の恋愛

「6」というのは愛情にまつわる数字です。あなたの愛に何か変化があるかもしれません。たとえば長年好きだった人とやっと結ばれる、付き合ってきた人と結婚した、逆に相思相愛だと思っていた彼に浮気相手がいた、彼氏では満足できなくて別れることになったなど。「愛」という大きなくくりなので、何が起こるのかわかりません。

BIORHYTHM 6

この時期は愛する人の変化に敏感になりましょう。相手の態度だけではなく、体調や雰囲気、習慣などにも気をつけて。もしかしたら病気の早期発見やトラブルの回避など、相手を救うことになるかもしれません。ポイントは「愛する人に注目」です。

〔バイオリズム6〕の人間関係

〔バイオリズム6〕の人間関係で留意すべきは、「自分の大切な人」です。仲間だと思っていた人に裏切られるような結果になったり、自分の愛する人が重病になってしまったり。あなた自身がそれにどう立ち向かっていくかが問われる時期です。

〔バイオリズム6〕の健康

ストレスがかかる時期です。些細なことが気にかかりますが、それが重要なことである場合も多く、無視はできません。この時期の健康管理は、自分のためではなく愛する人のためでもあります。

自分が倒れないように健康でいることが、何より大切なときです。よく食べて、よく寝て、日の光をなるべく浴びるようにしてください。何かつらいことがあっても、暗いところでうつうつと考えていてはいけません。

BIORHYTHM 6

Lucky Acition

おじいちゃん、おばあちゃんに会う　お見舞い　花束を贈る
遠くに住む友だちの声を聞く　手紙を書く　好きと言う
感謝の言葉を伝える　実家に帰る　お土産を買う

BIORHYTHM 6

〔バイオリズム6〕のエピソード

〔バイオリズム6〕の時期に、どんなことが起こったのか。
みなさんのエピソードを紹介します。

高校生のころからいっしょだった妻に末期癌が発覚しました。まだ35歳です。自分はダメな人間で、仕事を転々としたり浮気をして泣かせたり、妻には苦労をかけました。今でも借金があります。自分を支え続けてくれたかけがえのない妻です。毎日涙が止まりません。私はどうしたらいいのでしょうか。

（35歳・男性）

奥さまは体がおつらいでしょうが、あなたのやさしい気持ちを知って、喜んでいることでしょう。たくさん話をしていっしょの時間をすごしてくださいね。

離れて暮らしている父が認知症になり、同居している兄夫婦だけでは面倒が見られなくなりました。「助けに来てほしい」と、SOSが出てはじめて、今まで父のことを何も考えていなかったと気がつきました。兄夫婦に任せっきりだったのです。私もサポートメンバーに加わり、施設を探し始めたところです。

（53歳・男性）

「遠くに住んでいるから、介護を手伝うのは無理だ」と言うこともできたかもしれませんが、お兄さま夫婦と協力することにしたんですね。そういう選択をしたということが重要です。私は愛情には消費期限があると思っています。相手がだれであっても愛情の消費期限はあります。失ってからわかる愛もあります。あなたの選択が満足のいくものとなることをお祈りしています。

BIORHYTHM 6

〔バイオリズム5〕
子どもの学校のPTA役員を担いました。仲よくなった方数名と「モーニングの会」をつくって、朝の喫茶店で話に花を咲かせていました。
〔バイオリズム6〕
楽しかったPTAメンバーたちと軋轢が生じ（反対多数だった改革案を私が実行してしまったため）、「うーPTA早くやめたいー、早く任期終われー」となりました。もちろん「モーニングの会」も自然消滅。ひとりになって、「自分は何がしたいのか。どうしたいのか」と、モヤモヤを日記に吐き出しました。
（37歳・女性）

〔バイオリズム5〕で出会う人のなかには、自分にとって危険をはらんでいる人も含まれているものです。〔バイオリズム6〕でそれが表面化してしまったんですね。すごく傷ついたんでしょうね。人間って一対一のときと複数の人数が集まるときとでは違う動きをします。みんな自分を守って生きているからです。真っ直ぐな気持ちが人との調和を乱してしまい、急に攻撃されたのでしょう。あなたの愛情と勇気のある行動がその標的にされてしまったのは、私も悲しい気持ちがします。

出産したことで、長年確執があった母親との関係が雪解けしました。母が私の子をかわいがる姿に、不思議と私自身が癒されるような感覚があります。

（33歳・女性）

6の時期の愛は一方向じゃないようです。愛し愛される。もしくは憎み憎まれる。あなたの愛する相手は、お子さんとお母さんのおふたりだったんですね。すごく幸せなことだと思います。お子さんが成長していく過程で、かつてあなたもお母さまに笑いかけてもらったこと、手を添えてもらったことを思い出すでしょう。

P227〜237の［バイオリズム6］×「自分の数字」もぜひ参照してください。

バイオリズム7

自分で考える

key word

自立　ひとり旅　孤立　独立　準備　落ち着き　自分で見つける
ひとりで行動する　人に頼らない　失業　リストラ　減給
孤独感　自習　乗り切れる　甘えない　趣味　職人　人と距離を置く
深く考える　瞑想　祈り　宗教　霊　第六感　内省　ボランティア　時間

〔バイオリズム7〕の1年間

1でスタートしたバイオリズムも7年目になりました。「8」が成果のお披露目の年なので、7の時期は前夜祭のようなものです。

そろそろ先が見えてきましたか？

仕事は軌道に乗ってきましたか？

新しく始めた「何か」は形になってきましたか？

理想の相手が見つかりそうですか？


この1年間は「喪失」と「最後の勉強」という面があります。

よくテレビドラマで「やっとハッピーエンド！……の手前で、もうひとつ小さめの困難を乗り越える」っていうのがあるでしょう？　あれですね、あれ。

クライアントからよく聞くのは「収入が減った」「仕事を辞めた」「リストラにあった」という話。

経済的に困窮するというイメージですが、ここでの転職は未来につながります。ちょっと凹んでも来年の成功が見通せているので心配することはないでしょう。むしろ、〔バイオリズム7〕の年の失職は、バイオリズムにしっかりと乗れているというサインです。もし望まぬ転職、失職だった場合にも「自分に合っていなかった仕事から、離れられた！」という意味を持つでしょう。

また、会いたい人に会えなかったり、孤立したり、転居を余儀なくされている場合にも、同じ理由で心配には及びません。来年のハッピーエンドのための別離であり、やはりバイオリズムにしっかりと乗っているという意味です。来年を楽しみにしていてください。

さて、この1年で大事なこと。

「人に頼らないでひとりで考えてみなさい」

というメッセージが出ているのです。

〔バイオリズム7〕を「喪失の年」と前述しました。

職を失ったり、収入が減ったりすると、人は孤独になります。孤独にきちんと向き合ったとき、人は何をするでしょうか。ひとりでしっかり考え、休息をとり、コツコツと勉強するはずです。だれかに頼ったり、だれかといっしょにいることで気持ちを紛らわせるのは、孤独から逃げること。〔バイオリズム7〕の年は、孤独と向き合い、ひとりで考えることが何より大切なのです。

転職する場合も、まずは自分がどんな仕事をやりたいのか、もしくはどんな仕事ならば続けられるのかを考えてみてください。

お金がないときも、すぐに人に頼るのではなく、原因と結果をしっかり把握してください。当たり前のように人からお金を借りてやりすごすのはやめて。

それから自分で計画を立てる、自分で職を見つけるなど、自立するための努力をしてください。

また、仕事以外でも、他人に教えを乞うのではなく、自分で調べる、自分で研究することが重要です。これは「他人からあれこれ指図されない。他人に振り回されない」という意味でもあります。

今年の困難は、「〈バイオリズム1〉のスタートから、今まで6年間もがんばってきたのだから、自分で考えて決められるでしょ?」ということかもしれません。

恋愛であれば、「恋人との問題も自分で乗り越えられるよね?」。

親子関係であれば、「もう親離れできるでしょ?」ということでしょう。

起こる出来事のモチーフは人それぞれですが、忘れてほしくないのは、今、目の前にあるピンチは、あなたにとって必要なものだということです。

〔バイオリズム7〕の波に乗るために

バイオリズムそれ自体は、「いいもの」でも「悪いもの」でもなく、寄せては返す波のように、自分でコントロールすることはできません。ここでは、その波を存分に味わい、乗りこなしていくポイントをアドバイスします。

① 失業を恐れない

忘れてほしくないのは、来年は成果が出る年だということ。もし仕事を失うようなことになったとしても、むしろ今のうちに自分に合わない仕事から逃れられると、前向きに解釈できます。〔バイオリズム7〕でちゃんと自分の頭を使ってしっかり考えて決めた仕事は、あなたの未来をハッピーにしてくれるでしょう。

もし次の仕事が見つからないときには、あなたの価値観や「当たり前」をリセットすべきです。

そもそも会社員として働くことが向いているのか。

都会にいる必要はあるのか。

家事手伝いではダメなの？　家族に甘えるのは悪なの？

働くことが好きだった？　仕事をしない生き方ってダメ？

「そもそも」レベルのことを、ここで一度考えてみること。

それはきっとあなたの人生のチャンスにつながります。悲観しないで前向きにしっかり考えてくださいね。あなたは考える時間をもらったのです。お給料と引き換えに。

②金銭的な不安をどうやって乗り切るか自分の頭で考える

さあ、考えましょう！　お金がないのは困りますが、ちゃんと困窮を感じてください。しっかり感じて、考えてください。逃げちゃダメです。自分でなんとかしてみましょう。人に頼らないでやってみましょう。あなたはきっとできます。

それはもしかしたらだれかと助け合うことかもしれません。

だれかに謝ることかもしれません。

その経験の先に福も成果もありますよ。痛い思いをすることが必要なんです。

③知識を増やす

〔バイオリズム7〕は、勉強と思索の時期なんです。使うのは体ではなく頭です。テニスやサッカーでガーッと体を動かして、終わったらシャワーをジャーッと浴びて冷たいビールを一杯！なんていう時期ではないんです（それは〔バイオリズム5〕の時期）。

たくさんの知識を得て、自分の考えを深めたり正したりすることこそが求められます。はたから何もしていないように見えたとしても、多くのインプットがあればそれでOKです。知識は裏切りません。

④遊びや仕事、買い物、暮らし。なんでもひとりでやってみる

このアドバイスは、ひとりでいるのが苦手な人に向けたものです。何もかも自分だけでやってみましょう。

慣れていない人はひとり言をいっぱい言うと思います。

「これでいいのかな？」「あ、しまった。それじゃなかった」とか。

それもすごくいい時間です。自分とお話しする習慣があると、自分をなぐさめたり、

自分を元気づけたりできるようになります。

⑤深く考える時間を持つ

落ち着くこと、状況を把握すること。混乱の元を自分で探っていくとパニックを起こしにくくなりますし、流されないで物事を考えられるようになります。自分で考えたり、感じたりすることってとても大切なことです。今まで忙しかった人ほどひとりの時間を持つといいでしょう。

そして自分の心とお友だちになる。ケンカしないように仲よくする。

体にクセがあるように思考にもクセがあります。すぐに「どうせ私なんか」と思ってしまうクセとか、「きっとあの人は自分のことが嫌いだ」と思ってしまうクセとか。たいていは思いすごしだったり、自意識過剰だったりするだけです（自意識過剰ってキツい言葉ですよね。自分が自意識過剰だと気づいたときの恥ずかしさ、つらさったらないですよね。私も経験があります）。

人に言われるんじゃなくて、自分で自分のクセに気づくようになれるといいですよね。あなたの心のなかに最高のお友だちがいる状態がベストです。

瞑想をやってみるのもいいかもしれません。オラクルカードをめくってみるのもおすすめです。スピリチュアルなジャンルと親和性のある時期です。

BIORHYTHM 7

Lucky Item

本　旅行カバン　貯金　テント　たき火

〔バイオリズム7〕TIPS

〔バイオリズム7〕の仕事

〔バイオリズム7〕の時期は、リストラや離職といったご相談をよくいただきます。離職に至ったのはなぜなのか。もしかしたらそもそも自分には合っていない仕事や職場だったのではないか。「そもそも」を問われる時期なのです。

やみくもに就職活動をして、これまでと同じ道を歩むのではなく、ここでひと息ついて自分のこれまでとこれからについて冷静に考えるべきときです。次のお誕生日に幸運が待っていると考えて、自分の選ぶべき仕事に思いを巡らしましょう。人に相談してはいけません。**「苦手なのにがまんしていたこと」について、自分を労ってあげてください。**そして、次は朝スッキリ目が覚めるような楽しい職場を探すことです。

職場が変わらない場合でも、同じように流されないでしっかり自分で考えて頭をはっきりさせましょう。何がうまくいかないのか、自分の考えはだれかの受け売りではないのか。深く考えた上での決断は、きっと後悔のないものになります。

〔バイオリズム7〕の恋愛

7という数字は、「ひとり」や「孤独」を意味します。しかしこの時期に恋愛がうまくいかなくなるといったことはあまり聞きません。状況が変化しがちなのは、仕事や経済面のほうなのです。恋愛に関しては変化は少ないかもしれません。言い方を変えると「恋愛どころじゃない」という感じでしょうか。

パートナーがいない人、そして恋愛や結婚について焦っている人は、立ち止まって、自分の人生においてパートナーに何を求めるのか、どんな存在であってほしいのか、そもそも今必要なのか、というところを深く考えてみてほしいと思います。焦りは禁物です。恋愛観をしっかり見つめてほしい時期です。

〔バイオリズム7〕の人間関係

ひとりになりましょう。人間関係をいったん断ち切るようなイメージです。

人間はひとりではもちろん生きていけません。他人に頼ったり頼られたりしながら生きています。しかし、9年に一度くらいは、他人を頭のなかに入れずに、ひとりで考える時期があってもいいでしょう。周囲への大いなる感謝につながるかもしれませ

んし、自分の自信を取り戻すような時期かもしれません。

〔バイオリズム7〕の健康

この時期は自分のルールをつくるといいでしょう。◯時には寝る、◯時には起きる、朝ごはんは□□を食べる、など。自分の生活を管理することで、「なんとなく不調」が解消されます。自分の体は自分で守る、自分の健康は自分の食べているものでつくられる、と自覚すること。次のお誕生日からは忙しくなるかもしれません。体調の管理を今からしておくべきです。偏食も見直しましょう。

BIORHYTHM 7 Lucky Acition

興味の対象を研究　読書　ゲーム三昧　趣味に没頭
ひとり旅　キャンプ　巣ごもり　瞑想　スピリチュアルな感覚
会社を辞める　充電期間　おひとり様　修行体験　哲学と思想

〔バイオリズム7〕のエピソード

〔バイオリズム7〕の時期に、どんなことが起こったのか。
みなさんのエピソードを紹介します。

◆起こったこと
・収入が減りました
・夫婦ゲンカが増えました
・「離婚しても自立できるのか」を見極めたく、財産の棚卸しをしました
・「出ていけ」と言われてもすぐ荷物がまとめられるよう、持ち物を片づけました
・新しい仕事を見つけました
◆感じたこと

BIORHYTHM 7

家族はそろっているほうがよいと思っていましたが、「ダメだ」となったら無理にいっしょにいる必要はないと感じました。生きていくのに必要なもの、本当に大切なものだけを持とうと決めて、片づけ中です。（35歳・女性）

もう気持ちはかたまっているようですね。きっと今までもずーっとがまんをされていたのでしょうね。どんな決断をして実行をしても、実行をしなくても、ここで考えて決めたことが、あとで自分を助けてくれると思います。次の誕生日には「バイオリズム8」がやってきます。今が底だと信じてください。

夫には家族を養うための仕事があり、子どもには勉強という仕事があり、では自分はなんのために生きているのか？　思いつめて考えてしまいました。

意識が内（自分の深いところ）に入るのがわかるぐらい矢印が自分のなかに向かっていました。何をしたいのか、どうしたいのか、ぐるぐる考えて迷宮をさまよっていました。今までやってきたことを深めるために、おさらいや復習をする日々。内に入りすぎて「これじゃダメだ！」と新しくパートを始めてそこで新たな人間関係を学びました。（45歳・女性）

苦しかったでしょうね、自分の存在意義が見つからない気持ち。今あなたに「生きていてくれてありがとう」と伝えたいです。もし次回、同じような気持ちになった場合は一度想像してもらえないでしょうか？「私がいなかったら夫や子どもはどうなるのだろう？」と、ご自分が消えた世界を。きっとご家族は真っ暗闇にドーンと突き落とされてしまうのではないでしょうか。あなたがいるだけで世界が明るいと感じる人の存在。それをわかってもらえたら、本当に、本当にうれしいです（この方は「バイオリズム8」の時期についてもエピソードを寄せてくださいました。162ページ

でご紹介しています）。

この1年はしんどかったですね。娘ふたりのダブル受験に加え、義理の父が癌、義理の母が認知症で、その介護がかなりの負担となってのしかかりました。長年続けた看護師の仕事を退職したのもこの年です。まさしく孤独と向き合い、ひとりでがんばり抜いた1年でしたね。義理の父母のところにひとりで毎日通い、我ながらよくやったと思います。大変な日々でしたが、合間をぬって、自分で自習室を見つけて占いの勉強をしていました。橙花さんに出会ったのもこの年です。（43歳・女性）

この方は163ページに続きのエピソードがありますので、そちらも読んでみてください。

突然リストラ対象に。まさか自分が退職勧告の対象になるとは思っていませんでした。何が悪かったのか、これからどうしたらいいのかと不安な日々です。まだ次の仕事を探す気にもなれません。
（41歳・男性）

ショックでしたね。でもよく考えてみてください。会社や仕事は自分にぴったりだと思ってましたか？　イヤイヤ仕事をしていませんでしたか？

「バイオリズム7」の時期は、今まで見ないようにしていた食い違いなどが表面化して、大きな変化につながることが多々あります。あなたのこの大変化もなるべくしてなったとは思えないでしょうか？　そして来年の成果の時期を前にして、一度違和感や不満を正すタイミングだったのではないでしょうか。そう考えるとあながちこの退職も悪いことだとは思えません。今後同じ不満を持たなくていいように、自分に合う会社や仕事を吟味してみてくださいね。これからは上り調子ですよ。

P238～244の「バイオリズム7」×「自分の数字」もぜひ参照してください。

バイオリズム8

成功の実感

8

key word

成就　成功　願いがかなう　夢と現実のギャップ　努力　ポジションに甘んじない
理想的な結果　多くの人　誘い　忙しい　時間がない　気がせく　新しい心配
うれしい悲鳴　新しい展開　人間の本心　お金　財産　出世　開業　起業　マイホーム
結婚　自由　解放　子ども　家族　自分がほしかったもの　何も起こらない

［バイオリズム8］の1年間

おめでとうございます。

あなたは今幸せですか？

もしくは、もう手の届くところに幸せが見えていますか？

あなたが今いるのはパーティー会場です。あなたが主役です（もしかしたらそれは結婚式場かもしれません）。

みんながあなたを祝福しています。

もし、だれにも祝福されてない！と思っていたとしても、あなたには充実感があるはずです。努力は報われました。

しかし、どのくらい報われたかは人によって違います。

そこが数秘の厳しいところです。

［バイオリズム1］のスタート時から、しっかりと波に乗っていた人は、驚くほどの成果を手に入れているでしょう。

BIORHYTHM
8

成果の中身は人によって違いますが、**「長年望んでいたものが手に入る」**というのは共通しています。

ある人は結婚するかもしれません。

ある人は出産するのかもしれないし、ある人は起業したり、仕事上のポジションが大きく上がることだったりします。

〔バイオリズム8〕の年の成果は、とても派手で傍目にわかりやすく、目に見える形で訪れます。

成果を得られた人は、これまでの努力を労い、喜びを全身で享受しましょう。

しかし、この成果はのんきに享受するだけのものではないかもしれません。

たとえば念願かなって起業できたとします。すると新たな問題が次々と発生し、喜んでばかりはいられませんよね。インフラを整え、従業員との関係を構築し、肝心の売り上げをつくることなど、毎日いっぱいいっぱい。寝る暇もないかもしれません。

でもこれも「夢がかなった」ということです。

愛する伴侶を見つけて結婚できたとします。異性と同居するなんてはじめてで、相手のすることなすことが気になってしかたがないかもしれません。ちょっとイラッとする瞬間もあるでしょう。これもあなたの願った夢です。

このように〔バイオリズム8〕は夢がかなう、ほしいものが手に入る時期ですが、むしろ以前より大変で忙しい日々かもしれません。

しかし、それでもやっぱり幸せを感じられる楽しい時期だと思います。

もしも、〔バイオリズム8〕の今年、成果を感じられることが何もない状況だったら、それはなんらかのミッションをクリアできていないか、〔バイオリズム1〕のスタート時、ほとんど何も考えず、希望もビジョンも持っていなかったということかもしれません。2年後の、次回のスタートまでお待ちください。

BIORHYTHM 8

［バイオリズム8］の波に乗るために

バイオリズムそれ自体は、「いいもの」でも「悪いもの」でもなく、寄せては返す波のように、自分でコントロールすることはできません。ここでは、その波を存分に味わい、乗りこなしていくポイントをアドバイスします。

①夢がかなったことを喜ぶ

まずは喜びましょう。夢がかなったとたんに不安に陥る人はすごく多いのですが、それではもったいないですよね。自分が努力した証としての成果です。きっとあなたは努力をしてきたはずですから、ここはしっかり喜ぶ。そして自分をほめたたえましょう。それが明日への原動力になります。

②今こそ努力をする

喜んだあとは冷静に自分が何をすべきなのかを考え実行する番です。あなたが動かなければ何事も先に進みません。

先日、某大会社の社長さんが次のようにおっしゃっていました。

「事業っていうのはね、下りのエスカレーターをのぼっているようなもんなんだよ。つまり立ち止まっていたらどんどん下がっていくの。だから行動あるのみ。自分で行動するの」。

すばらしい言葉だなと思いました。あなたのつかんだ夢を、来年の9の時期には「成功した形」で終えましょう。まず1年間は努力です。

③協力してくれた人に感謝、還元をする

人は支え合って生きています。会社でも家庭でも趣味でも恋愛でも、やはりだれかがいてこその人間です。そこは自分だけの努力、自分だけの能力だと勘違いしないことです。だれかの好意やあと押しがあってこそ、つまりだれかのあなたへの愛情があってこその今の成果です。そう考えたほうが孤独にならないし、力が出ると思います。あなたはいつだってひとりではないと思いましょう。

④目の前のミッションに集中する

自分は間違っていないだろうかと、不安になることも多いはずです。はじめての経

験をたくさんしているはずですから。でもここは集中です。自分がすべきことはわかっていると思います。あなたは今忙しいのですから、邪念は横に置いて、時間があるときは体を休めてリラックスすること。気になることの結果は、次の9の時期に出ます。反省・検証はそのタイミングです。

⑤リラックスする時間を持つ

今あなたは、自分で選んだとはいえ、慣れないことをやっているはずです。やってみたかったこと、やると決めていたことを実際にやってみて、どんな気持ちですか？不安になったり無駄が多いと思ったりしていませんか？

私はそれでいいと思います。その行動の一つひとつ、心の動きそのものが勉強です。あなたの人生のひとつの到達点にはたどり着きましたが、まだまだ道のり半ばです。「これでいいんだ。この不安な気持ちが勉強なんだ」と自分をリラックスさせてあげてください。気持ちがリラックスできないと体が休まりません。体を休めないと明日に差し障ります。まずは気持ちです。

⑥何も成果を感じられない場合は、欲望と欲求を見出す

せっかくの8の時期になのに「何も変化がありません」とおっしゃる方、実はすごく多いです。「8年前は何をしてましたか？　どんなことを考えてましたか？」と聞いてみると、「何も考えていませんでした。今と同じような生活をしていました」とのこと。〔バイオリズム8〕のモチーフは、夢に描いていたこと、ほしかったもの、なりたかった自分です。変化がなかった方はビジョンを持たなかったからでしょう。残念です。

そういう方は、次回に賭けましょう！　今のうちから、なりたい自分、ほしいもの、住みたい場所などを考えてみましょう。欲望、欲求が大切です。「おいしいものを毎日食べる生活」でも、「赤いフェラーリを乗りまわす私」でもいいです。楽しく、喜びを持って妄想してみましょう。そして2年後のスタートを楽しみにしていてください。

BIORHYTHM 8
Lucky Item

勝負服　勝負靴　ゴールドアクセサリー　肉

〔バイオリズム8〕TIPS

〔バイオリズム8〕の仕事

〔バイオリズム8〕の幸運は「夢の成就♡」という感じではありません。成功したら成功したなりに、失敗したら失敗したなりに人生は続いていきます。

たとえば「夢だったラーメン屋さんを開業した！　やった！　〔バイオリズム8〕の成果だ！」となっても、ここからが本番です。勝負は開業後なのです。どれだけ売り上げをあげられるか、味の改良、店内レイアウトの改善など、やるべきことはたくさんあります。昨年の悩みとは全然違う問題が発生するはずです。

夢の実現を感じながら、生き生きとやりがいを持って仕事に邁進する時期です。

〔バイオリズム8〕の恋愛

8は何かが達成される時期ですので、恋愛で言えば結婚かもしれませんし、相思相愛になることかもしれません。しかし恋愛も結婚もそこで終わりということはありません。付き合ったら付き合ったで、同棲すればしたで何かしらの軋轢は生じるものです。幸せのあとにやってくるトラブルがあるとすれば、それはかならず人間関係のものだと思います。たがいに歩み寄る努力が必要です。

パートナーのいない人にも同じことが言えます。この時期は相手を見つけやすい時期なのですが、デートに費やす時間が無駄に感じられることもあるでしょう。相手のわがままにうんざりするような瞬間もあるかもしれません。ネガティブな感情もふまえた上で、これから自分はこの愛を手放さずに生きていくのかどうかを、しっかり考えてみてください。結果は次のお誕生日にやってきます。

〔バイオリズム8〕の人間関係

人が集まってきます。あなたを祝福してくれる人々です。心から喜んでくれる人、手伝ってくれる人、得をしようと近づいてくる人もいるかもしれませんが、真意はまだわかりません。今は、いっしょにがんばってくれた仲間や喜びを分かち合ってくれる友人に、感謝をする時期です。笑顔で集ってくれる人たちに「ありがとう！　大好きだ〜！」と大声で言うような、うれしい瞬間が何度も訪れるでしょう。

BIORHYTHM

8

［バイオリズム8］の健康

ここ数年のなかで、いちばん忙しい時期になるはずです。これまでとは違った生活サイクルで日々が動いているかもしれません。まずはそれに慣れることです。外食が多くなったり、帰りが遅くなったりしていたとしたら、自分なりの対処法を見つけましょう。なんといっても健康が第一ですから。

BIORHYTHM 8

Lucky Acition

やる気満々　体を動かす
幸せを味わう　みんなで喜ぶ　話す　拡散する
公表する　飾る　装う　いつもより華やかに　派手に

〔バイオリズム8〕のエピソード

〔バイオリズム8〕の時期に、どんなことが起こったのか。
みなさんのエピソードを紹介します。

147ページで〔バイオリズム7〕のエピソードを寄せてくださった方の続きです。

自分の存在意義について相当悩んだ結果始めたパートが、〔バイオリズム8〕での実りにつながりました。具体的には学んできたパステル和（NAGOMI）アートを活かした仕事ができるようになったんです。パート先のメニューの表紙を描いたり、知人のお店に飾るアートの依頼があったり。今までやってきたことが形になり、めちゃくちゃうれしかったです。（45歳・女性）

BIORHYTHM

8

仕事を始めたり、絵の勉強をしたり、自分に何ができるのかをたくさん試してみたんですね。すごく立派だと思います。何よりうれしかったのがそれがちゃんと実を結んであなたが報われたということです。たぶん、当時はバイオリズムはご存じなかったと思いますが、それでもちゃんと波をとらえていたんですね。考えるべきときに考え、悩むべきときに悩んだ結果だと思います。心からおめでとう！　とお伝えしたいです。

次も149ページでエピソードを寄せてくださった方の続きです。

〔バイオリズム8〕になったとたん流れが急に変わったのです。まだまだ入院が長くなるだろうと思っていた義理の父が、苦しまずにやすらかに亡くなりました。まるで私に「もうラクになっていいよ、ありがとう、もうじゅうぶんだよ……」と言ってくれているようでした。癌だったのに、私は義父の苦しんでいる姿をほとんど見ていないのです。

そして、認知症の義理の母の施設が見つからずに本当に困っていたのですが、〔バイオリズム8〕に切り替わってすぐ、すばらしいグループホームを紹介してもらい、そこに入居することができたのです。本当に驚きました。

私は自分の母との関係にずっと悩まされてきたのですが、生まれてはじめてほめられたのもこの時期です。義理の両親ふたりの介護をしている姿を見て、「あなた本当によくやったわね」と言ってもらえました。心のなかの大きなわだかまりがすーっと解けていく感じがしました。

母に認めてもらえたことが、やりたいことに挑戦しようという力になり、占い師としてデビューすることができました。

私の場合7から8のバイオリズムの切り替わりを、かなりハッキリと感じました。7のときにひとりでがんばったからこその8の成果だったと今は思います。ですので、7の時期は大切ですね。

（43歳・女性）

BIORHYTHM 8

とてもドラマティックに「バイオリズム8」を経験されましたよね。私もそのお話を聞いたときにとても驚いたことを覚えています。以前から「母にほめられたことがない」とおっしゃっていましたね。とても美しく、能力も高く、努力家でやさしく、家族にも愛されて、順風満帆に見えるあなたのなかにひそむ、さみしさや自信のなさ、恐怖心。どう立ち向かっていけばいいのかと、私もいっしょに悩んだことがありました。でもあなたは自分ひとりの力で克服されましたよね。あなたが生きてきた7年間のご褒美として、「バイオリズム8」がやってきたような気がします（この方は、現在、占い師として大変活躍されています！）。

41歳にして子どもを産むことができた。子どもは好きじゃないし、自分に子どもがいる人生なんて考えられなかったけど、これがきっとラストチャンスになるんじゃないかというタイミングでの妊娠に、思いきって産んでみることにした。まだあまりかわいいとも思えないけど、すごく大切な存在を授かったとは思う。幸せにしてあげたい。

（42歳・女性）

幸せにしてあげたいと思うのは、もうしっかりとしたあなたなりの愛情が湧いているのでしょうね。「大切な存在」をしっかり守ってあげてくださいね。きっと来年にはお子さんにぞっこんだと思いますよ（笑）。

彼の家柄が大変立派で、平凡な私との結婚を反対されていた。7年間もいっしょに住んでいたけれど、もう疲れたしそろそろハッキリ別れて自分の新しい人生を踏み出そうと決意。別居して転職してメイクも変えて、ドラマの失恋からの立ち直りみたいなことをしていたら、あちらのお家に「変化」があって、あれよあれよというまに結婚の運びとなった。

（29歳・女性）

BIORHYTHM

8

この「変化」が相手のお父さまの死だとお聞きしてビックリしました。本当に運命だったのでしょうね。7年間というのがミソですね。バイオリズムにぴったりです。ただ8の時期の結婚というのが幸せに直結するかどうかはわかりません。やはり結婚生活にはおたがいの努力が必要ですから。運命にあぐらをかかない覚悟で、人生を歩んでいってくださいね。

P245〜250の「バイオリズム8」×「自分の数字」もぜひ参照してください。

バイオリズム9

結果が表れる

9

key word

9年間の総決算　棚卸し　清算　本当の結果
過去を振り返る　評価　自他共に認める　必要か必要じゃないか
好影響なものor悪影響なもの　自分が好きか嫌いか
過去を未来に活かす　捨てる　手放す　スタートの前　旅の準備

BIORHYTHM

9

〔バイオリズム9〕の1年間

はーい！　みなさん！
テストの丸つけの時間ですよ！
去年はいいことがありましたか？
あったとしたらそれはなんでしたか？
それはあなたの思い通りにいきましたか？
もしくは想像以上でしたか？
8年前に始まったあなたのチャレンジはなんでしたか？
あなたは、実際に、どんな行動をしてきましたか？
あなたの協力者はいましたか？
あなたの邪魔者はいましたか？

昨年の〔バイオリズム8〕が成果を体感する年だとしたら、今年の〔バイオリズム

9〕は結果の1年です。8年間あなたが何をしてきたか。「行動」の結果が露わになりますので、一つひとつ精査してみましょう。

昨年の〔バイオリズム8〕の成果の陰に、何か見落としていることがあるならば、出てくるでしょう。「総合結果が出たぞ」の年が9なのです。

〔バイオリズム1〕でフラダンスを始めて練習を重ね、〔バイオリズム8〕の年には自分のスタジオを持つことになった方がいました。習うのと教えるのは大違い！　みんなに美しく踊ってほしくて、生徒さんのために努力しました。

でも9の年にわかったのは、生徒さん同士の良好な人間関係を維持するのは相当大変だということ。苦労の大半がダンス以外のことだったのです。これを期に、補講師に辞めてもらったそうです。

〔バイオリズム9〕のポイントはスタートの前年ということです。次に移るためには、マックスの幸せを抱えていては進めません。自分のやってきたこと、手のなかにあるものを精査したら、必要がないものがわかるはずです。

悪い習慣、悪い友人、悪い関係。

BIORHYTHM

9

リスタートに向けて、いらないと思うものを手放していきましょう。

「いらないもの」と言われて、すぐに思いつかないあなた。「あなたにとって何が重要なのですか?」と問われているのです。

荷物をいっぱい抱えて旅に出る必要はありません。なるべく身軽に、ほんとうに大切なものだけを身につけて。いらないものは、すべてここに置いていきましょう。

〔バイオリズム9〕の波に乗るために

バイオリズムそれ自体は、「いいもの」でも「悪いもの」でもなく、寄せては返す波のように、自分でコントロールすることはできません。ここでは、その波を存分に味わい、乗りこなしていくポイントをアドバイスします。

①過去9年間の自分の行動を思い返す

まずやってほしいのは、8年間あなたがやってきたことの振り返りです。うまくいったことも失敗したこともあるでしょう。だれかの言動に怒りを感じたことも感謝したこともあるでしょう。8年分の変化があるはずです。さあ、思い出してみましょう。

②必要か必要でないかを判断（特に人間関係、習慣）

次にやってほしいのは、自分にいい影響を与えてくれるものとそうでないものを分ける作業です。部屋の片づけを想像してみてください。床に雑誌や洋服が投げ出されていたとします。歩くときには、それを踏まないように迂回することになりますよね。でも雑誌を拾って捨てる、洋服をクローゼットに収納するなど、床のものを片づけれ

ば真っ直ぐに目的の場所まで歩けます。自分のまわりにこの雑誌や洋服のような人はいませんか？　よくない習慣はありませんか？　とにかく一度考えましょう。

③体調をチェック

8年間の悪い習慣が露呈する時期です。人間ドックに入るなど、綿密なチェックを。来年のスタートの前に一度、自分の体（メンタルも含めて）に思いを寄せてください。もし、体のどこかが変だなと思ったらすぐに病院へ！　早めに対処しましょうね。

④自分のために働いてくれた人や物に感謝する

〔バイオリズム9〕は卒業です。次のステージに行く前に卒業式で両親や友人、恩師に感謝するように、素直な気持ちで「ありがとう」と言ってみましょう。

⑤別れる勇気を持つ

情が深い人ほどだれかと別れるのが苦手です。たとえば仕事仲間がどうしても自分の思うような働きをしてくれない、外部からもクレームが来てしまう、というような場合。辞めてもらうなんて相手に悪いとか、自分はひどい人間だとか思ってしまいませんか？　逆から考えてください。あなたが別のチャンスを探したいと思ったとしたら、相手のほうにもチャンスが待っているということです。あなたが手放さないと相手も新しいチャンスをつかめないのです。つらい気持ちのままでいるよりも新しい道を各々が進んでいくべきでしょう。今、相手も無理をしてくれているのかもしれませんよ。まず、別れる勇気を。手放す勇気を。

BIORHYTHM 9

Lucky Item

紙とペン　ゴミ袋　ハサミ　段ボール
スケジュール帳　コーヒー　抹茶　お香

BIORHYTHM 9

〔バイオリズム9〕TIPS

〔バイオリズム9〕の仕事

仕事メインのバイオリズムだった場合は、結果はハッキリ出ているでしょう。事業が軌道に乗り、次の段階に進むときかもしれませんし、やってはみたけれど自分には向いていなかったという結果かもしれません。

今年のキーワードは「いらないものを捨てる」ということです。多くは「習慣とクセ」にまつわることです。誘われると断れないとか、資金繰りが苦手だとか、仕事と生活の切り替えが苦手だとか。人生は長く、次のバイオリズムのスタートは1年以内に近づいています。今のうちに、しっかり「捨てる」「手放す」作業をやっておいてください。

〔バイオリズム9〕の恋愛

8年間の精算の時期です。あなたの恋愛は大変でしたか？ それとも幸せでしたか？　人生はまだまだ続いていきます。今持っている感情を大切にして、次のお誕生日から始まる新しいサイクルに向けて前向きな指針を持ってください。

パートナーが自分に合わないと思ったら、新しい相手を探すチャンスです。この人で間違いないと思ったら家族になるチャンスです。恋愛に関して何も起こらなかったな〜とがっかりされているあなたは、これから新しい未来が待っています。希望を持って次のお誕生日を迎えてくださいね。

〔バイオリズム9〕の人間関係

9年サイクルの最後は、別れがあるかもしれません。それはつらい別れかもしれませんが、解消しなくてはいけない人間関係があるという意味です。この時期の大きなテーマは「いらないものを捨てる」です。人間関係も同じです。いっしょにいるとダメになるのはわかっているけれどいつも声をかけてしまう友人とか、離れられない恋人、リストラすべき部下。そんな人間関係を解消する時期です。ここは冷静になって自分にとってよい人間関係なのかどうかを見極めましょう。

〔バイオリズム9〕の健康

過去9年分の生活習慣が、現在の体調につながっています。改めるべきところは改めましょう。甘いものの食べすぎ、お酒の飲みすぎ、ストレスのためすぎ……、体調の異変はあなたがやってきたことの表れです。体を労わってください。次の誕生日にやってくる新しいスタートのために準備をするときです。

BIORHYTHM 9

Lucky Acition

結果を味わう　本当の幸せを実感
変化を体になじませる　次の目標を立てる

〔バイオリズム9〕のエピソード

〔バイオリズム9〕の時期に、どんなことが起こったのか。
みなさんのエピソードを紹介します。

昨年、〔バイオリズム8〕の時期に、長年の夢だった料理教室を始めました。最初の1年はお友だちや知り合いだけが来てくれていましたが、少しずつ生徒さんが増えていき、今年は満席が続いています。どんどん新しいことにもチャレンジしてみたいと思います。
（43歳・女性）

あなたの道が間違っていなかったという結果が、今年表れたのだと思います。さらに、新しいことへのチャレンジっていうのがいいですね。流れに乗れているなという印象です。またすぐに次のスタートがやってきますから、がんばってください！

以前から検診で引っかかっていた項目があったんですが、だましだまし病院に行かずにやってきました。しかしここへきてどっと症状が出て、生活習慣を大幅に見直すことに！　来年からは病院通いの日々が始まってしまいそうです。

（54歳・男性）

だましだましやってきて、今年症状が出たというのが、いかにも〔バイオリズム9〕ですね。悪い習慣を手放して、来年からの治療をがんばってください。一病息災が約束されたのかもしれませんよ。お医者さんと仲よくなりましょう。

これまでいろいろな仕事やボランティア活動などをやってきた。だれかの役に立てるのがうれしかったし、とても勉強になった気がする。しかし毎日忙しいし、自分のやっていることに意義があるのかどうか、わからなくなってしまった。そこで、この9の時期に思いきって手放し、ひとつのことに集中することにした。すると、自分に必要なものがハッキリわかった。とにかく体がラク。
（50歳・女性）

よかったですね。とにかく体がラクってところが本当によかった。8年分の疲れが溜まっていたのかもしれませんものね。ご自身でもおわかりでしょうが、ここまでの活動は、あなたの血肉となっています。あなたに助けてもらった人はあなたを忘れないでしょう。ひとつに集中したその「何か」にあなたの歴史が活かされるでしょう。ご苦労さまでした。

P251〜256の「バイオリズム9」×「自分の数字」もぜひ参照してください。

第3章

自分の数字 × バイオリズム

My Life Path Number × Personal Year 9 in Numerology

「自分の数字」を知る

前章まではそれぞれのバイオリズムについて説明してきました。

この章では、「本質（自分の数字）」と、「運勢（バイオリズム）」の掛け合わせについて、ご紹介していきます。

暑い夏の日に、ある人は張り切って海に出かけ、別のある人はクーラーの効いた部屋で読書を楽しみます。このように、同じバイオリズムを迎えても、その人の持っている性質によって、とらえ方がまったく異なります。

生まれてから死ぬまでを表す、3つの数字

橙花式カバラ数秘術では、人は生まれながらに「3つの数字」を持つと考えます。

3つの数字は「誕生日」によって決まります。あなたは「偶然」その日に生まれた

のではなく、自分で選んで生まれてきているのです。

3つの数字を橙花式では、①鍵の数、②魂の数、③使命数と呼びます。

①「鍵の数」は、あなたの人生のメインストーリーを表します。

②「魂の数」は、「前世の数字」で0歳から12歳くらいまで強く表れます。その後も人生の土台となる数字です。

③「使命数」は、人生のミッションとされる数字です。

この3つの数字が絡み合い、混じり合うことによって、その人の本質、性格が形成されていきます。

①は文字通り、人生の「鍵を握る数字」。あなたの考え方や性質を表します。

②の「魂の数」は、「(直近の)前世を表す数字」とされます。前世の感覚は今生にも残っていて、それが幼少期に表れるのです。

③は、人生の「宿題」を表す数字。「この宿題だけは、今生でなんとか終わらせていきましょうね」という意味があります。

鍵の数と魂の数、両方を見る

「鍵の数」がその人全体の70％、「魂の数」が30％くらいを占め、中年以降に「使命数」が徐々に出現してくると言われていますが、私の鑑定経験によれば、この割合は人によってかなり差があります。成人しても「魂の数」が非常に色濃く出ている方もいますし、幼いころにパキッと「鍵の数」に切り替わる方もいます。

3つの数字要素のブレンド具合が、その人が持つ個性であり、人間性だと言えます。

まずは次ページの計算方法で、ご自分の数字を出してみてください。

3つめの「使命数」はバイオリズムとの関連がほとんど見られないので、ここでは割愛します。算出されたい方は、左のQRコードから自動計算ページにアクセスしてみてください。

自分の数字を出してみよう

1 鍵の数

誕生日の西暦、月、日の数字をすべて分解して、順番に足していきます。
2ケタになったら、また分解して足すという作業を繰り返します。
かならず左から順番に足してください。

例）1985年 8月 24日 生まれ

❶すべてを分解して1ケタの数にして左から順番に足していきます。

1＋9＋8＋5＋8＋2＋4＝37

❷37をまた分解して1ケタにして足します。

3＋7＝10

❸この10をまた分解して1ケタにして足します。

1＋0＝1

❹この方の「鍵の数」は〔1〕です。

＊❷で1ケタの数字が出た場合は、そこで終了です。
＊❷までの過程で、〔11〕、〔22〕、〔33〕になった場合はそこで終了です。

例）1975年 8月 12日 生まれ

1＋9＋7＋5＋8＋1＋2＝33

ここで終了です。この方の鍵の数は〔33〕です。

あなたの鍵の数は

2 魂の数

誕生日を分解して1ケタにして足します。
11日・29日生まれの人は〔11〕です。22日生まれの人は〔22〕です。
2日・20日生まれの人は〔2〕です。それ以外の人は計算してください。

例）24日 生まれ

2＋4＝6

この方の魂の数は〔6〕です。

あなたの魂の数は

自分の数字の解説ダイジェスト

「自分の数字」については、前著『増補版　自分を知る本』（すみれ書房）にかなりくわしく書きました。各数字について深く解説した分厚い本ですので、よろしければ読んでみてください。

ここではダイジェスト版として少しだけ説明します。前ページで出した「鍵の数」と「魂の数」両方を「自分の数字」としてお読みください。

〔1の人〕——純粋無邪気な6歳の男の子

〔1の人〕はすべての数字のなかで、いちばんストレートな人。迷いがなく勢いがあります。純粋な人なので、ずるい人に利用されたり裏切られたりします。また、考えがそのまま顔や態度に出てしまうので、心のなかがバレバレ。曲がったことが大嫌いで正義感にあふれ、「弱きを助け強きをくじく」を地でいく人です。勢いがあるので

〔1の人〕の言動を怖いと感じる人も大勢います。

〔2の人〕――特別な「愛と癒しの力」を持つ

〔2の人〕はがまん強い人です。だれかの困った状況や悲しい気持ちを、自分がなんとかしてあげたいと考えます。他人を支えることで、自分の存在意義をたしかめるような感覚の人です。ですから自分のことはあとまわしで他人を優先します。やってもらった人たちは、〔2の人〕を大切にします。文字通り愛されキャラです。人に流されてしまうので実はいやだと思うことをやっていたり、損な役回りになることもありますが、がまんして乗り切ろうとします。

〔3の人〕――みんなが大好きな子犬

〔3の人〕は純粋な人です。物事の明るいほう、楽しい人に注目しているので、つらい人や苦しい人に気づかないこともあります。また気まぐれなところがあり、お天気がよかったら仕事を投げ出して散歩に行くような自由さを持っています。大人になってもその性格は変わらないので、無責任だとかわがままだとか言われてしまいます。

しかし、自分のいちばんいいものを、みんなに分け与えるようなやさしさを持っています。何かの才能に恵まれていることも多く、天才肌です。

〔4の人〕――いつも正しいデキる人

〔4の人〕のやさしさは外からはあまり見えません。自分の仲間だと認めるまでは他人に対してはクールです。ただし、家族や友人など大切な人は全力で守ります。また自分なりのルールを持っていて、納得がいくまでは行動に移しません。それゆえがんこだと誤解されることもあります。お金や不動産に興味がありますが、それは自分を守ってくれる鎧として必要なアイテムだからです。どこまでも用心深く慎重です。

〔5の人〕――「体で生きている」感覚の人

〔5の人〕は感覚が研ぎ澄まされています。勘が鋭く相手が望んでいるものを瞬時に察知することができます。コミュニケーション能力が高く、身体的にも魅力的でモテモテ。タレントや芸術家のように、自分自身を売り出すような職業が向いているでしょう。一方、繊細で打たれ弱いので、心を病んでしまうこともあります。おいしいもの

を食べて恋をして、心身の健康を保つことが重要です。

〔6の人〕――謙虚でかわいいお姫さま

〔6の人〕は気づかいの人。いっしょにいる人が楽しい気分でいられるように、気をつかっています。洗練されたもの、美しいもの、愛らしいものが好きで、頭がいい人です。しかし本人は、自分のすばらしさに満足していません。自己肯定感がとても低いのです。美しくあること、賢くあること、気づかいのできることへの努力を、ずーっと続けていきます。だれからも愛されていたいし、人から愛されることが自分を好きでいられる唯一の方法なのです。

〔7の人〕――クールな修行僧

〔7の人〕はいつも考えている人です。いろいろな切り口で物事を考えます。ですから変わった視点を持ったり、ユニークなものの見方をしたりして、まわりを驚かすことがあります。他人の言動や持ちものには興味を持たない一方で、自分の時間やお金には執着心があります。冷静な性格ゆえに一見クールに見えるのですが、実は熱い心

の持ち主で、愛する人を献身的に支えたりもします。スピリチュアルな感覚を持っている人も多い数字です。

〔8の人〕――人当たりのいい偉人

〔8の人〕はプライドの高い人です。自分がどのように遇されているのかを気にします。上下関係に厳しく、師や親兄弟を大切にします。紳士的で、品のよい人でもあります。努力家なので、他者からの尊敬に値する結果を出していきます。しかし、対外的な結果よりも自分自身をゆるせるかどうかが大切で、いつも「もっと努力しなければ！　自分自身に負けないように！　失敗しないように！」と自分に厳しくしています。〔8の人〕のなかには、失敗を恐れるあまり何もできなくなってしまう人もいます。

〔9の人〕――面倒見のよいバランス人間

〔9の人〕は人間が好きです。人と話すこと、だれかと楽しさを共有するのが大好き。まわりの人の世話を焼いたり面倒を見たりする人情家です。そのためお節介だと言われてしまうこともあります。それでも、柔軟な態度や人を理解しようとする姿勢でみ

んなを助けます。〔9の人〕がグループにいると大きなトラブルが起こりにくいでしょう。新しもの好きで情報通の〔9の人〕のまわりには、いつも人が集まりにぎやかです。

〔11の人〕――本質を見抜くレスキュー隊

〔11の人〕は人を導く人です。先見の明で人を助けようとしますが、まわりの人が事態に気づくのが遅いために、かえって孤立してしまうような場面があります。頭で考えるよりも先に体が動く人です。だれかのために動くことに損得勘定はありません。それが人の警戒心をあおってしまうこともあります。ですから〔11の人〕のまわりにはトラブルが絶えません。しかし聖人のような気高い人です。

〔22の人〕――思い通りに生きる成功者

〔22の人〕は合理的な人です。行動にブレがなくやるべきことを淡々と継続することができるため、成功への道を歩んでいきます。恋愛関係や仕事関係の人には割り切った考え方でドライに接します。しかし家族に対しては心配性の一面があります。特に

子どもや守るべき相手に対してはとても神経質です。〈22の人〉のウイークポイントと言えるでしょう。

〈33の人〉――とらわれのない宇宙人

〈33の人〉の特徴をあげるのは、むずかしい作業です。いろいろなタイプの人がいるからです。共通しているのは目の前の人に流されること、目の前の人に喜んでもらう言動をするということです。そのため、八方美人と思われることも多いようです。穏やかでやさしい印象なので、人が近寄ってきます。付き合う人によって、よい人にも悪い人にも、勤勉な人にも怠ける人にもなります。家族に対しての思い入れが薄く、自分のほうから離れていきます。

次項からは自分の数字×バイオリズムのマッチングについてまとめてみました。同じバイオリズムでも、自分の持っている数字によって、波のとらえ方や向き合い方が変わってきます。ぜひ参考にしてみてください。

BIORHYTHM

1

〔バイオリズム1〕と自分の数字

1の人×バイオリズム1

1の時期は〔1の人〕にピッタリ。なんといっても「スタート・開拓・勢い」の〔1の人〕ですから。生き生きと自分らしくすごせる時間だと思います。思うままに行動力を発揮できる1年間になります。大事なのはあなたらしくいること！

2の人×バイオリズム1

〔2の人〕にとって、とまどいを感じる時期でしょう。新しいものにすぐに飛びつかない、ちょっと慎重な性格の〔2の人〕。「もっと考えたい、安全をたしかめたい」と思うかもしれません。しかし運命はすでに動き始めています。新しい波がやってきたのです。様子を見ながら一歩踏み出してみましょう。

3の人×バイオリズム1

〈3の人〉にはチャンス到来！　といったところです。「自分の新しい世界が開いたな」と、おもしろい未来を想像してワクワクしちゃう時間です。〈3の人〉はだれに教えられなくてもポジティブセンサーが働き、しっかりと波をとらえて目がキラキラと輝き出すのです。

4の人×バイオリズム1

〈4の人〉にとっては緊張を意味する時期かもしれません。先が読めないことに向かって動き出すのは、それが成功への道だとしても不安を感じるからです。でも、頭のよい〈4の人〉ならばきっと大丈夫。9年間の道筋をしっかり組み立てるでしょう。

5の人×バイオリズム1

〈5の人〉にとって体がゾクゾクするような魅惑的な気分が到来します。今までノーマークだった音楽、仕事、人や芸術や国などが、とても刺激的に思えます。〈5の人〉の感性が新しい刺激の到来を感じているのです。

BIORHYTHM

1

6の人×バイオリズム1

ほかの数字の人と同じように、ワクワクする気分になるでしょう。新しい恋が訪れるかもしれません。何かのお誘いがあるかもしれません。慎重な〔6の人〕でもスタートの時期はソワソワせずにはおれません。

7の人×バイオリズム1

〔7の人〕にとって1の時期は新しい精神世界の扉が開くことを意味するようです。自分の生活が変わるというより、新しい興味や価値観の始まりかもしれません。尊敬できる人や共感できる思想に出会う、知的な9年間の始まりです。

8の人×バイオリズム1

〔8の人〕にとってはより慎重にならざるをえない時期です。まわりはどんどん変化していきますが、こういうときこそ冷静に現状を把握しましょう。だれが動き出したのか？　自分に迫ってくる変化ははたして吉か凶か？　じっくり分析したくなる、そんな1年です。

9の人×バイオリズム1

〈9の人〉にとっては待ちに待った時期です。いつも「現状を打破できる突破口はないものか」と探しているあなたにピッタリの、素敵な1年の始まりです。新しい知識や情報をいち早くゲットできるチャンスでもあります。

11の人×バイオリズム1

大きなスタートを切る〈バイオリズム1〉の時期であっても、〈11の人〉には驚くに値しません。なんでも先んじて察する〈11の人〉ですから、まわりの変化もいち早く感じ取り反応できるでしょう。「うむ、来たな。次はこれか」。そんな悟りのような1年です。

22の人×バイオリズム1

〈22の人〉は敏感に変化を察知し、「スタートした何か」を利用します。もともと運のいい人ですし、自分でやるべきことがわかっている人ではありますが、それでもチャンスがあればそれを最大限に活用できるでしょう。

BIORHYTHM
1

33の人×バイオリズム1

1の時期の〈33の人〉は新しい流れにすーっと乗っていきます。自分から何かをしかけるというよりは、新しい船に乗り換えるようなものです。それは仕事かもしれませんし、人かもしれません。気持ちいいくらいに昔を忘れて、新しい何かにシフトしていきます。

〔バイオリズム2〕と自分の数字

1の人×バイオリズム2

〔1の人〕は軽くパニックになるかもしれません。理由のない不安に慣れていないからです。環境に影響されやすい人のように、あなたもこの時期はだれかの発言に不安を覚えます。目に見えないものがちょっと怖いんですね。

2の人×バイオリズム2

〔2の人〕は、何も起こっていないと思うかもしれません。もともと繊細で常にまわりに気をつかっている人ですから、ちょっとした不安には慣れています。むしろ何も起こらない時期なんだと安心できるかもしれませんね。

3の人×バイオリズム2

〔3の人〕にとっては「去年と同じ」という印象かもしれません。「全然なんでもない！

BIORHYTHM 2

平気！」と思いそうです。でも、もし何かがすごく気になって進まないような気がしたら、それは〔バイオリズム２〕のしわざです。気にせずいつものあなたらしく1年をすごしてください。大丈夫です。

4の人×バイオリズム2

〔4の人〕にとってちょっと不安な1年になるでしょう。もともと怖がりな部分のあるあなたです。不安にかられて「何かしなくちゃ！」と思うかもしれません。でも残念ながら打つ手はないわけです。時がすぎるのを待ちましょう。

5の人×バイオリズム2

〔5の人〕にとっては退屈な時期になるでしょう。新しい刺激がほしいのに今年はがらにもなくおとなしくしていなくてはいけないなんて！　退屈すぎる！

6の人×バイオリズム2

〔6の人〕にとってさみしい時期になるはずです。得意の営業スマイルがなんとなく

決まらないかもしれません。だからすごく怖い。でもなぜ怖いのかもわからない。なんともハッキリしない1年間です。

7の人×バイオリズム2

〈7の人〉にとってはなんでもない時期でしょう。「別に去年と何も変わらないよ」と、〈バイオリズム2〉の時期の本質を見抜いているかもしれません。この時期の不安は頭のなかでだけ展開しています。〈7の人〉にはそれがすぐわかるのですね。

8の人×バイオリズム2

〈8の人〉にとっては苦手な時期となりそうです。「だれかが自分をよく思っていないのではないだろうか」「自分のプランはうまくいかないかもしれない」など、平常でいるときにもよく陥る不安心が加速します。つらい想像が止まりません。

9の人×バイオリズム2

2の時期の不安は、〈9の人〉にとってはたいしたことではありません。情報はい

BIORHYTHM 2

つも自分のところにしっかりと集まっています。現実がわかっている人にとっては、怖いことはないのです。真実はすでに自分のなかにあるのですから。

11の人×バイオリズム2

〈11の人〉には何も影響しません。だって勘の鋭い〈11の人〉ですから。〈バイオリズム2〉の不安が気のせいだという本質をビシッと見抜きます。

22の人×バイオリズム2

〈22の人〉に、〈バイオリズム2〉の時期は、はたして訪れているのでしょうか。何か影響するのでしょうか。むしろ聞いてみたいところです。

33の人×バイオリズム2

〈33の人〉はうっかりすごしてしまうかもしれません。あまり悪い想像もしませんし、まわりの人が自分をどう見ているのかにも特に興味がないからです。

〔バイオリズム11〕と自分の数字

1の人×バイオリズム11

〔バイオリズム11〕は、〔1の人〕にとって自分を振り返るいい機会となります。いつもせっかちなあなたは、「人間関係が理由で仕事の速度が落ちるなんて！」とびっくりするかもしれません。なんでも経験です。味わってみましょう。

2の人×バイオリズム11

怖がりな〔2の人〕は、ふだんよりも怯えた気持ちになってしまうかもしれません。でもあなたは〔2の人〕ですので、たいしたことは起こらないでしょう。そもそも慎重な人ですから、自分から火種を提供することはありません。何も起こらないのに、人の行動が気にかかってしまう季節だと思っていてください。大丈夫、大丈夫。

BIORHYTHM
11

3の人×バイオリズム11

何も起こらない年かもしれません。なぜなら〈3の人〉は人の話に一喜一憂するタイプではないからです。いつものようにすごせばいいでしょう。もし何か気になることがあっても忘れちゃいましょう！　すぐに場面は変わります。次はあなたの季節です！

4の人×バイオリズム11

〈4の人〉にとっては、ちょっとうるさい時期になりそうです。「そんなことわかってる！」とか「あの人には言われたくない！」と思うことが何度かあるかもしれませんから。でも、あなたは必要のない情報をシャットダウンするのが上手なので、心配ありませんね。いやな話は聞かなければいいのです。

5の人×バイオリズム11

〈5の人〉が縮こまってしまう時期かもしれません。だれにも会いたくないと思ってしまうかも。あなたはとても傷つきやすい人なのに、そのナイーブさを理解されずに軽い気持ちでひどいことを言われてしまうキャラでもあるのです。この時期の悪口は言っているほうも気軽で悪気がないと覚えておいてください。できれば忘れてあげて。

6の人×バイオリズム11

〔6の人〕にとって少々苦手な年になりそうです。特にひどい目にあうわけではないのですが、だれかの何気ないひと言が、とんでもなくキツいセリフに聞こえることがあります。でもね。言ったほうはすぐに忘れちゃいます。あなたへの敵意はないんです。それを覚えておいてほしいです。

7の人×バイオリズム11

〔7の人〕は〔バイオリズム11〕をおもしろい時期ととらえるかもしれません。何を言われても「ふふん」と鼻であしらうことができるあなたならば、邪魔者の存在自体を神の視点で見て、なんでもゆるせるかもしれません。気が向けばギャフンと言わせることもできますしね。

BIORHYTHM

11

8の人×バイオリズム11

〈8の人〉にとってはいい情報収集の時期になるでしょう。だれかがうっかり言ってしまったことを、しっかり覚えているあなたです。あとでその情報が役に立つかもしれません。情報の出所がわかっていれば怖がる必要もないのです。

9の人×バイオリズム11

すごくイライラする時期かもしれませんね。もともと人の言動を気にしている〈9の人〉ですから、どうしても情報が集まってきてしまいます。がっかりしたり、弱音を吐きたくなったりするかもしれません。

11の人×バイオリズム11

〈11の人〉にとって当たり前の時期です。イライラしたとしても、いつも通りの感覚でしょう。もののわかったあなたですから、何も心配する必要はありません。いつものようにゆるしたり、叱ったりしてあげてください。

22の人×バイオリズム11

〈22の人〉にとっていい勉強になる時期でしょう。ふだんは入ってこない本音を漏れ聞いて「そうか！」と納得するかもしれません。いいことでも悪いことでも、情報が集まるということはすごく有意義です。

33の人×バイオリズム11

〈バイオリズム11〉の時期、〈33の人〉は不思議に思うでしょう。「なんでうまくいかないんだろう？　自分はいつもと同じなのに」。そして不思議だな〜変だな〜と思っているうちに次の誕生日がやってきて、次のバイオリズムに移るはずです。

BIORHYTHM 3

〔バイオリズム3〕と自分の数字

1の人×バイオリズム3

3の時期、〔1の人〕はちょっと慎重になってほしいと思います。前年うまく動けなくてイライラしていたはずです。高速道路で渋滞を抜けたときのような気分で、ガーッと仕事のスピードを上げてしまいそう。違いますよ。〔バイオリズム3〕は、息抜きの年なんです。

2の人×バイオリズム3

大好きなスイーツを買って帰って、お茶でも入れてゆっくり味わう感じです。もしかしたら大きな変化はないかもしれませんが、ちょっとまったり、ちょっとうれしい。そんなほっこりする時間を味わってください。

3の人×バイオリズム3

〈3の人〉にとって「やっときた〜！」と大声で叫びたいような時期です。長雨の日々に快晴が訪れたような、さわやかで解放的な気分になるでしょう。やろうと思っていたこと、やってみたかったことを早速試してみてください！　あなたのタイミングで！

4の人×バイオリズム3

〈4の人〉はどうしていいかわからないかもしれません。だとしたら気楽な仲間とテーマパークにでも行ってみてほしいと思います。あえて気分を上げる方向で。だって〈バイオリズム3〉は、気分を上げなくちゃ意味がないのです！

5の人×バイオリズム3

〈5の人〉の欲望がかなうところまではきていません。ただ気持ちよく行動を起こせる時期ではあります。パーティーのお誘いやおもしろい人との出会いなど、弾けるような刺激的な出来事が起こりそうです。おいしいお酒やご飯をいただいてみてください。体を喜ばせましょう。

6の人×バイオリズム3

〔6の人〕のわがままな気持ちが顔を出すかもしれません。だって去年はがまんしていましたもの。よろしい。あなたのわがままはかわいいのです。自分に訪れたちょっとしたラッキーをここで試してみましょう。たとえば「これちょーだい♡」って言ってみるとかね。かわいいです。

7の人×バイオリズム3

3の時期、〔7の人〕にやってみてほしいことがあります。あなたは自分のことは自分でわかっているはずです。でも、自分の知らない才能があるかもしれません。あなたの才能を探すために、新しく何かにチャレンジしてみてほしいのです。7×3の化学反応が起こるかもしれません。

8の人×バイオリズム3

〈8の人〉にとって、ふっと気がゆるむ時期です。いつも何かにがんばっているあなたへ息抜きのチャンスが到来しました。本筋とは関係ないところでのラッキーがくる時期ですから、あなたも気軽に本筋以外のところで楽しみましょう。今まで行ってみたかったところへフラッとひとり旅に行くとか。

9の人×バイオリズム3

〈9の人〉はお出かけ好きなのでうれしい時期ですね。新しいお気に入りが見つかったり、楽しい友人と出会ったりするかもしれません。年下の友人やかわいいグッズ、耳寄りな情報、人気の出そうな食べ物などがキーワードです。

11の人×バイオリズム3

〈11の人〉にとってキーになるモチーフは「子ども」です。子ども関係のイベント、子どもが好きなゲームや場所、子ども関連のボランティアなど。〈11の人〉を必要としている場が見つかるかもしれません。行動力をぜひ発揮してみてほしいところです。

BIORHYTHM

3

22の人×バイオリズム3

仕事が大好きでやりがいを感じている人でしたら、仕事がサクサク進むことが3の時期のご褒美かもしれませんね。もしお仕事をされてない人でしたら、家族といっしょにいることがいちばんの憩いになるでしょう。

33の人×バイオリズム3

どこかに行きたくてしかたがないはずです。もともとひとつのところにじーっとしている人ではありません。可能な限り動いて、出歩いて、旅をして、たくさんの経験を積んでいったらいいでしょう。

〔バイオリズム4〕と自分の数字

1の人×バイオリズム4

〔1の人〕には厳しい時期かもしれません。あなたの持って生まれたスピード感が全然通用しません。残念ながらこの1年、あなたはその場に座っていなければなりません。それを覚悟して、ゆったりとかまえていてください。焦らない、焦らない。

2の人×バイオリズム4

〔2の人〕はこの時期ちょっとうれしいですね。後ろから「早く早く！」と追い立てられないからです。自分のペースでじっくりと行動すればいいのです。だれかから責められるようなこともきっとありません。つまり平和だということです。

3の人×バイオリズム4

〔バイオリズム4〕は、〔3の人〕はイヤでしょうね〜。身動きが取れないような気がします。何も変わらない、刺激がない時期なのです。今必要なのは、毎日同じ行動を続けることですが、まさにそれが苦手なあなた！　でも泣いても笑っても次の誕生日には終わりますよ。待ってて。

4の人×バイオリズム4

しっくりきますよね〜。急な変化、変更に振り回されることもありません。よかった〜！　成功も成果もいいけど、安定感のある毎日は捨てがたいものがありますものね。そうです。今年はあなたの年です。

5の人×バイオリズム4

「つまらない」。〈5の人〉はこう思います。あなたほど変化や刺激を欲する人もいません。「あ〜今日もおもしろいことがなかった」「あ〜今日もだれにも会えなかった」。そう言ってがっかりする姿が見えるようです。しかたないですね。次の誕生日までです。

6の人×バイオリズム4

〈6の人〉には比較的なんでもない平和な日々かもしれませんね。もともとがんばることに慣れている人ですから、日々の努力はお手のものです。また、自分が向上している実感にも乏しいところがあるので、「ふつうの日」を続けているような感覚です。

7の人×バイオリズム4

〈7の人〉は大丈夫ですよ。何かに没頭するのも得意だし、自分の変化をよく把握できるので小さな変化も見逃さず、コツコツと何かを続けていくことができます。精進と没頭。むしろそんな毎日が好きなはず。

8の人×バイオリズム4

〈8の人〉はちょっとホッとするかもしれません。人間関係や力関係を複雑に考える人なので、去年はまわりの変化についていくのはかなり疲れたはずです。むしろ、変化が乏しい時期のほうが、じっくり&しっかりと考えをまとめることができますよね。

BIORHYTHM

4

9の人×バイオリズム4

〈9の人〉にとって、〈バイオリズム4〉はいつもの毎日ですね。登場人物も増えたりはしません（つまりふだん通り多いまま）。あなたの考え方も変わりませんから、今まで通りあなたらしい毎日だということです。ちょっと安心ですね。

11の人×バイオリズム4

この時期、〈11の人〉は、自分の力を蓄えるでしょう。「もっとこうしたら結果が出るのではないか？　もっと自分に合う方法があるのではないか？」。自問自答しながら成果を導き出していきます。えらい！

22の人×バイオリズム4

努力を得意とする〈22の人〉。気負いなく淡々と目標に向かって進んでいくでしょう。〈バイオリズム4〉をまったく気にする必要がありません。あなたは揺るぎない行動力の人です。

33の人×バイオリズム4

〔バイオリズム4〕の時期の停滞感を、〔33の人〕はあまり気にしないかもしれません。日々おもしろそうなこと、自分にできることをマイペースにやっているからです。他人と自分をくらべないので、「自分の限界」にガッカリしたり、人からほめてもらいたがったりしません。

BIORHYTHM
22

〔バイオリズム22〕と自分の数字

1の人×バイオリズム22

〔1の人〕にはぴったりの時期！　新しいことにチャレンジする勇気も根性もあります。あとはがんばりすぎないこと。体に気をつけましょう！　喜びを持ってチャレンジできる1年間です！

2の人×バイオリズム22

〔2の人〕はそもそも慣れないことにチャレンジするのは向いていません。心労に気をつけてください。いつものがまんもほどほどに、ちょっとずつ自分の気持ちを出していきましょう。ネガティブな気持ちを吐露することも、今回のチャレンジの一部なのかもしれませんね。

3の人×バイオリズム22

〈3の人〉はもしかしたら未知の経験がおもしろくてしかたないかもしれませんね。それも成功するってわかっているわけですから。あなたの場合は体に気をつけてください。「没頭してやりすぎない。ちゃんと寝る」。この2点です。よろしくね。

4の人×バイオリズム22

〈4の人〉よ！　あなたならできる！　振り回される感じは苦手だと思うけれど、あなたほどこのチャレンジに向いている人はいませんよ。やればできる人の典型ですから！　挑戦を避けて損をしないように。がんばろう！

5の人×バイオリズム22

この時期、〈5の人〉は向上心の塊となります。「もっと上手に、もっと美しく！」という気持ちでがんばることでしょう。ただ、うまくいかないときに自分をダメだなんて思わないように。だってこれははじめての経験なんですから。そして最後には成功するルールです。大丈夫、大丈夫。

BIORHYTHM 22

6の人×バイオリズム22

よかったですね〜。あなたのポテンシャルが認められるときがやってきましたよ。「あなたってすごい！」って称賛を受ける日が近づいています。この大変な日々を終えたら、その日がやってきます。楽しみにしていてくださいね。

7の人×バイオリズム22

〔7の人〕にお願いがあります。鬼になってください。仕事の鬼、研究の鬼、合唱の鬼、お笑いの鬼。なんでもいいので、今与えられているミッションの鬼になって精進してください。もともと精進するのが向いているあなたですから。結果は見えています。

8の人×バイオリズム22

〔8の人〕のためにあるような年ですね。スポーツの対戦で言うと、シードになったようなものです。いきなり強い敵と戦うわけです。誇り高いあなたが弱い相手と戦うことも、小さいことをコツコツ重ねていくのも似合わないので、あなたにふさわしい

1年なのです。それにこの戦いは勝ち戦です。勝ちましょう。

9の人×バイオリズム22

この時期、あなたなりの攻略法を見つけたらいいと思います。目の前の仕事をただ片づけるのではなく、よりよい、より効率的な方法を見つけるのです。ハードルは上がりますが、あなたならきっとできるし、終わったあとの満足感も違うと思いますよ。考えてみてね。

11の人×バイオリズム22

〔11の人〕は〔バイオリズム22〕であっても、大変な局面にいることに気づかないかもしれません。〔11の人〕はふだんから身を削って生きているような人なので、特別感はないはずです。今まで通りの努力を続けていったらいいでしょう。結果はいつもよりいいと思いますよ（笑）。

BIORHYTHM
22

22の人×バイオリズム22

〔22の人〕に〔バイオリズム22〕がやってくることを想像すると、空恐ろしい感じさえします。どこまで成功するのでしょうか？　もちろんあなたらしく、いつものように行動してください。結果はハッキリ出ると思います。

33の人×バイオリズム22

〔33の人〕が喜んで困難に立ち向かうことはないと思います。いつまでも「えー、いやだ〜」と言っているのではないでしょうか。でも渋々やり出します。面倒ですけどね。それでいいんです。渦中に巻き込まれてからがあなたの本領発揮ですから。いつもそうですから。一応言っておきます。がんばってね。

〔バイオリズム5〕と自分の数字

1の人×バイオリズム5

「わーい！」と万歳したくなるような気持ちです。自分の好きなように動けるなんて最高ですよね。あなたの思うがままに行動してください。きっと仲間が増えるでしょう。

2の人×バイオリズム5

いろんな人に会うでしょう。はじめて会う人も多いはずです。もしあなたが人見知りならば、少々緊張の季節になります。でもね。素敵な人、好きな人にも会えると思いますよ。楽しみにしていてください。

3の人×バイオリズム5

楽しいですね〜。ウキウキしますよね。汗をかく、恋をする、冷たいビールをグーッと飲む。あなたらしく生き生きとできる自由な時期です。でもそんなときだからこそ、体調管理や生活の乱れに注意してくださいね。気持ちが先行しがちなので、体のことも考えてくださいね。約束ね。

4の人×バイオリズム5

慎重な〈4の人〉ではありますが、情報はほしいと思っていたはずです。知的なあなたは、たくさんの情報を収集して綿密な計画を立てたいからです。やみくもに動くなんてあなたらしくありませんものね。今年は情報の年ですよ。収集しましょう!

5の人×バイオリズム5

お待ちどおさまでした! あなたの年がやってきましたよ。出会いの時期、恋の季節です。体がウキウキしてきませんか? 人を誘う、人から誘われる。どちらもあなたを活性化させます。心のおもむくままにどんどん行動してみましょう!

6の人×バイオリズム5

もともと〔6の人〕は、「自分にやさしい人」を必要とします。周囲にやさしくしてくれる人がいないと、元気がなくなってしまうのです。人と会うことが活力になり、人生の糧になる人です。今年はたくさんの人に会えるでしょう。あなたを楽しくさせる人もきっといます。いっしょにいて幸せになれる人だけを選んで付き合っていきましょう。今年は人選の年です。

7の人×バイオリズム5

〔7の人〕はクールだと思われがちですが、実は人に会うのが好きです。ときどき面倒になって、スイッチを切って先に帰ってしまうから、クールだと言われるのですよね。今年はきっと楽しい出会いがありますよ。おもしろい人に会えるといいですね。

8の人×バイオリズム5

たくさんの出会いや情報に対して躊躇する年です。もともと、あまりスピーディーに物事を決める人ではありません。よく吟味して、咀嚼してからの交際や情報の取り入れですよね。そうです。よーく考えてみましょう！

9の人×バイオリズム5

この時期、〈9の人〉はうれしいと思います。新しもの好きで情報通のあなた。真っ先におもしろい、美しい、素敵なものを取り入れるでしょう。人との出会いも重要です。未知の情報をもたらして、あなたをびっくりさせてくれるかもしれません。あなたが受け入れればですが。

11の人×バイオリズム5

たとえ〈バイオリズム5〉の時期であっても、〈11の人〉は冷静です。なんか自分のまわりがチャラチャラしているな〜、くらいに思っているのではないしょうか。真実を見極めるためには、たしかに落ち着いていることが重要かもしれませんね。焦るのは愚かですものね。

22の人×バイオリズム5

〈22の人〉は周囲がいかに活性化しようと、気になりませんね。スケジュールは自分の頭のなかにあるからです。自分が決めた通りの予定で進んでいきたいはずです。でも今年出会う新しい情報と人は、あなたのすべきことをバックアップしてくれます。ぜひ取り入れてみましょう！

33の人×バイオリズム5

この時期、〈33の人〉は自分からは動かないでしょう。あなたの目の前にだれかが現れるのです。「人とつながりたい、ぬくもりを感じたい、笑顔が見たい」と思っているあなたに、やっとあたたかな陽光が差してきたようです。

BIORHYTHM 6

〔バイオリズム6〕と自分の数字

〔バイオリズム6〕の時期は、自分がどんなにだれかを愛しているのか、どんなにだれかから愛されているのかを確認する1年です。

「愛を試される」という共通点があるのですが、心情としては「つらく悲しい」と「幸せでうれしい」に二分されます。

ここでは、そのふたつの状況別に「自分の数字」との関係性を考えてみました。

今つらい思いをしている人へ

1の人×バイオリズム6

〔1の人〕は愛情深い人です。大切な人に起こったアクシデントを、自分のこととしてとらえます。ショックを受けて、眠れないようなつらい気持ちでいるかもしれません。でもここは冷静に。ショックとピンチは違います。あなたがだれかを助ける場面

かもしれません。

つらい事柄があなた自身のことであったとしたら、いっそう冷静な判断を。自分が何にパニックを起こしているか見つめ、それがどの程度自分を脅かすものなのか具体的に腑分けしていきましょう。ここでも、「ショックとピンチは違う」ことを実感するはずです。

2の人×バイオリズム6

使命感に燃えているかもしれませんね。そうです。ここはあなたのがんばりどころなのです。あなたが話を聞いてあげるだけで、目の前の人は安心します。あなたにしかできないことです。ゆっくりした時間を愛する人とすごしてくださいね。

3の人×バイオリズム6

〔3の人〕は、つらいとき、それに向き合うのではなく、見て見ぬふりをすることがあります。利己主義でひどい人というわけではなくて、つらくて見ていられないからですよね。今、あなたはそのつらい局面にいるかもしれません。それを受け入れて味

わってください。まずはそこからです。

4の人×バイオリズム6

とても冷静に対処できるでしょう。「いつかはこうなると思っていた。私のやるべきことはこれだ」と。しかし冷静な行動とは裏腹に心はとてつもないダメージを受けています。今あなたはとても硬くなっていますよ。マッサージにでも行って体をゆるめて息抜きをしてください。あなた自身も大切にね。

5の人×バイオリズム6

〈5の人〉はとてもうろたえています。涙が止まらないかもしれませんし、お酒ばっかり飲んでいるかもしれません。冷静になんかなれません。でも、それでいいのではないでしょうか。気持ちに正直なあなたらしくっていいと思います。

6の人×バイオリズム6

〈6の人〉は、本物の悲劇のヒロインになってしまいました。苦しみはたしかに本物なのですが、愛のすべてを（表も裏も）味わいつくすのがあなたの数字なので、苦しみそれ自体に対しては、納得しているでしょう。

あなたの目の前の人はあなたにとってどんな人なのでしょうか。あなたが愛する人？　あなたを愛する人？　どちらにせよ、今あなたはその愛情を確認しています。あなたの目の前にあるのが本物の愛です。そして、あなたはどうすればいいのかわかっているはずです。

7の人×バイオリズム6

この状況を当然のことと受け入れているのではないですか？

人生というものはそういうものだとわかっているのです。でも頭でわかっていることと心は別ですよね。静かにしっかりとこのつらさや悲しみを味わってください。これも悟りへの道のりです。

8の人×バイオリズム6

〔8の人〕にはすごく大切な人がいます。特別に大切な人です。それ以外はハッキリ

言うとどうでもいい人たちです。今、あなたが直面しているのは特別に大切な人の変化です。自分の気持ちをしっかりと相手に伝えてください。泣きたくなるくらいの気持ち、「あなたがいなくなったら自分はどんなに悲しいだろう」というような「打ち明け話」を言ってほしいんです。恥ずかしくって言えなかったことを、自分の言葉で伝えましょう。そしてそれを覚えておいてください。あなたの人生はまだまだ続きます。

9の人×バイオリズム6

あなたには味方がいっぱいいるので大丈夫。つらくても乗り切れます。あなたには目の前の人以外にも愛情の交換ができる人がいます。それに気づくこともバイオリズムに組み込まれています。だれかに助けてもらえばいいのです。大丈夫。

11の人×バイオリズム6

〈11の人〉はしっかりと最後まで見届けます。あなたは、今までショックなことがあってもがんばって乗り越えてきた歴史があります。今回は手腕ではなく心が試されています。目の前の愛する人に対して、泣いたり笑ったり心のおもむくままに表してください。

22の人×バイオリズム6

〈22の人〉はまわりがびっくりするくらい動転します。いつも冷静沈着でデキる〈22の人〉が、嘘のように狼狽するでしょう。特に相手が家族であった場合は本当にどうしたらいいのかわからなくなってしまいます。そんなときには家族とずーっといっしょにいましょう。とにかく楽しい時間をともにしましょう。

33の人×バイオリズム6

〈33の人〉はきっと大丈夫。さみしさもつらさも、ちょっとおもしろがっているところがあります。そこから何かを得ることができるかもしれません。何事にもあまり執着がありませんしね。悲しいときにはだれかに抱きつけばいいのですよね。それで安心できなくても、抱いてくれるだれかの気持ちは確実に伝わりますから。いつか自分がだれかを抱きしめるときがきます。

BIORHYTHM

6

今幸せをかみしめている人へ

次に〔6の時期〕に幸せを感じている場合について、数字ごとに説明していきます。

1の人×バイオリズム6

だれかに愛されている実感を持っているはずです。自分が100%受け入れられている幸せ感！　有頂天ですね。今はそれでいいでしょう。あなたは素直に喜びを表現しているはずです。それがあなたのよさ。今あなたのよさが最大限出ているのです。

2の人×バイオリズム6

やっとつかんだ幸せを手に、しみじみと喜びにひたっていることでしょう。これからはあまりがまんしないように、この幸せがずーっと続くように自分の気持ちも表現していきましょうね。きっと強い意志が必要になってきます。

3の人×バイオリズム6

いろんなことに生きる喜びを見つけるのが得意なあなたですが、今回の幸せは愛し愛されることですね。とびきりの幸せではないでしょうか。ありのままのあなたを愛してくれた人に感謝ですね。そしてあなたも大好きだと伝えましょう。

4の人×バイオリズム6

あなたはとても愛情深いのですが、それがなかなか伝わりにくいようです。ですから、今この本を読んでくださっているあなたが、愛情を確認できて幸せなのだとしたら、私もとてもうれしいです。

愛情をとても大切にする人ですからそのままで。ただ相手を思い通りにするのはむずかしいので、その点は気をつけてくださいね。

5の人×バイオリズム6

〈5の人〉が本気を出しましたね。よかったですね〜。この愛情は本物ですね。ずーっと大切にしてください。あなた次第でダメになったりすることもあります。せっかく手に入れたこの愛を、慎重に扱ってくださいね。

6の人×バイオリズム6

〔6の人〕の幸せには信頼が必要です。お金や地位ではなく、気持ちの上で自分を絶対に裏切らない相手を得たということでしょう。よかったですね。あなたは賢い人なので間違いはないはずです。あなたらしく生きていくための、かけがえのないパートナーとして、大切にしてくださいね。

7の人×バイオリズム6

この時期に〔7の人〕が見つけた愛情とはどんな愛なのでしょう。いつもさみしさを抱えて生きているあなたですから、やっと見つけた深い深い真実の愛なのでしょうね。ときどきちょっと離れてみたくなるかもしれませんが、それもあなたらしいと思います。

8の人×バイオリズム6

やっと！　本当にやっと心をゆるせる人を得ましたね。おめでとうございます。あなたが泣きたいとき、心を安らかにしたいとき、きっとその人が近くにいてくれるのでしょう。メソメソしたりウジウジしたりして甘えてくださいね。

9の人×バイオリズム6

ようやく報われたという感じですね。もしかしたら教え子や後輩に、あなたが生きてきた意味を教えてもらったのではないでしょうか。

あなたに感謝してくれる大切な人を、いつまでも愛し、誇りに思って生きていってください。

11の人×バイオリズム6

〈11の人〉のおかげで命が助かった人がいるかもしれません。あなたの真心が報われた瞬間があったのでしょう。いつもありがとう。そう思っている人がたくさんいるはずです。お礼の言葉がなくても、相手が感謝していることを、あなたは知っています。

BIORHYTHM 6

22の人×バイオリズム6

自分の命を投げ出してもいいくらいの、大切なものを得たのではないでしょうか。あなたはいつも実利のことで頭がいっぱいかもしれませんが、本当に大切なのは、この目の前にある命だったのでしょうね。

33の人×バイオリズム6

〔33の人〕は愛には困らない人です。まわりにはいつもあなたを好きな人がいます。でも実は、あなたが自分から本気でだれかを愛することは珍しいのです。今、あなたの目の前にいるのはどんな人ですか?

〔バイオリズム7〕と自分の数字

1の人×バイオリズム7

あなたはデキる人です。独立心もあるし、困難に立ち向かう勇気も標準装備です。しかし、この時期は行動したい気持ちをグッと抑えてじっくり考えましょう。もし今、空白の時間があったとしたら、それはあなたに考える時間が与えられたということです。

2の人×バイオリズム7

もともと何かしらのがまんをしている〔2の人〕ですが、この時期はわりとストレスがないと思っているかもしれません。ひとりでいることで、素敵な自分の世界をつくれることもあります。心配なのは孤独です。やはりだれかと関わって生きていく人なので、さみしいのはよくない。親友やパートナーに甘えることも、ときには必要ですよ。

BIORHYTHM
7

3の人×バイオリズム7

この時期はしっかり考えてほしいんですが、もともと考えるよりも感じるタイプの〔3の人〕。状況把握もあまり得意ではないですもんね。でも何かに没頭するのはとても上手なので、恐怖心やつらさを手放すのは得意です。あえて言うことがあるとすれば「せっかくだからお金のことは考えてみてね」。あやふやな状態のものがあれば、計算したり書き出したりして現状把握に動いてほしいです。

4の人×バイオリズム7

〔4の人〕はうまく乗り切ります。考えるのが得意な人ですから。じっくりと状況をたしかめて、自分の行くべき道を明確に導き出すでしょう。あらかじめ金銭的にピンチになりやすい時期だと知っておけば、それを見越して準備ができます。自分でもあっと驚くような未来予想図を描けるかもしれません。あなたは邪魔が入らなければ「デキる人」なのです。

5の人×バイオリズム7

〔5の人〕は職人気質です。たとえば作曲職人。ファッション職人。企画職人。人を笑わす職人。自分で考えに考えてよりよいものを生み出す人です。ですからひとりで何かをしたり、考えたりするのは得意なはずです。むしろ邪魔されたくないと思うでしょう。しかし自分のプロジェクトが中止になる場合や解雇されたときには、かなり落ち込んで廃人のようになってしまうかもしれません。そうだとしたらピンチです。先のことを考えずに今を精一杯生きるのが〔5の人〕らしい生き方ですが、やはり見通しというのは立てておくべきだし、できたら前年の〔バイオリズム6〕の時期から予測はしておいてほしいと思います。もし何か取り消しになったような場合は、投げ出さず検証してください。自分の居場所を確保できるまで、自分の人生をあきらめないように。人生は長いのですから。

6の人×バイオリズム7

〔6の人〕は愛情を感じていたい人です。そのためにはいつもだれかと関わっていなければなりません。そういう意味で、この時期の「ひとりでいなさい」というメッセー

ジは酷ですね。しかし物事を考えるのは得意なはずです（かのニーチェは鍵の数も魂の数も、〈6の人〉です。天才は6にたくさん現れるような気がします）。いつもまわりを気にして生きているあなたです。せっかくひとりで考えるチャンスをもらったのですから、ここは「自分から情報を遮断しているのだ！」と思って、何かを学んでみてください。とてもサクサク勉強が進むと思いますよ。次のお誕生日には想像以上の結果が出ているはずです。

BIORHYTHM
7

7の人×バイオリズム7

〈7の人〉はふだんの生活と変わらないかもしれませんね。きっと違和感を放置したまま継続するような仕事は選ばないでしょうし、リストラにあったり何かの中止を経験したとしたら、すぐに気持ちを切り替えて次を考えると思います。ドライというか合理的。いつものあなたのままでOKです。

8の人×バイオリズム7

〈8の人〉はいつも深く考えているので、ここであえてひとりで考えてみることをおすすめしたりはしません。心がけることがあるとすれば、それは自分にやさしくすることです。自分をよりいっそう信頼し、ゆるし、大切にするベクトルで、ぜひお願いしたいと思います。この時期に何か、つまずきと感じるような出来事に直面したら、ラクなほうを選んでみてください。ほかの数字の人には言えませんが、あなたならいつもと違う方法として「ラクなほうを選ぶ」という選択肢があってもいいと思います。人一倍、努力と忍耐の人だからです。自分を甘やかしてみるという発想を試してみましょう。

9の人×バイオリズム7

この時期、〔9の人〕はジタバタするかもしれません。「いつもと違う！」が苦手なあなたです。知っていることならうまく対処できますが、はじめての経験は、どうしていいのかわかりません。ここは黙って観察してみてください。何がどう作用するのか、どう推移していくのかをしばらく分析してみましょう。わかってしまえばもう大丈夫。賢いあなたのことですから、うまく対処できます。ポイントは「しばし見守る」ということです。

BIORHYTHM 7

11の人×バイオリズム7

〔11の人〕は〔バイオリズム7〕という時間を、うまくすごせます。むしろ清々すると思うかもしれません。いつだって大切なのは1本の筋です。それ以外のところは欲が絡んでいたり、見栄が関係していたりします。あなたにはそこのところも見えています。大切なのは命だけ。よくわかっているはずです。

22の人×バイオリズム7

どんな変化も前向きにとらえます。そこがあなたの最大の強みです。軸がぶれないのも、歩みが着実なのも、あなたのそのポジティブさによります。ですから〔バイオリズム7〕でも、何も心配することはありません。きっと適切な判断のもとに迂回したり、休みを取り入れたりしながら確実に成果を出せるところに向かっていきます。

33の人×バイオリズム7

〔33の人〕は翻弄されます。運命に流され、いつも変化しているあなたですが、この時期もやはり自分で決めるというよりは流されるでしょう。そもそもひとつのところ

に留まっていたい人ではありませんからね。失職しても、家を失っても、漂って生きているのが似合う人です。そして、それを喜んで受け入れるだれかがいつもそばにいるのです。あなたは現実に起こったことを、深く考えないかもしれません。それよりも「これが運命なのかしら?」と、淡々と受け入れるでしょう。それでいいと思います。すごくあなたらしくて魅力的です

BIORHYTHM 8

〔バイオリズム8〕と自分の数字

1の人×バイオリズム8

うれしい瞬間、きっとあなたひとりではなく、仲間といっしょにいるでしょう。仲間といっしょというのも〔1の人〕の夢の一部でしょうから。ここでちょっとアドバイスがあるとしたら、早まったり、仲間を置いてけぼりにしないことですよ。うれしいときこそ、本気で仲間に感謝です。「自分が！　自分が！」にならないようにね。

2の人×バイオリズム8

〔2の人〕は何を得たのでしょうか。お子さん、自分だけのアトリエ、安定したあなただけの特別な仕事、静かに語らうことのできるパートナーですか？　どれもあなたの人生を穏やかに彩ってくれる存在ですね。しみじみと喜びにひたってください。この幸せが長く続くことを願ってやみません。

3の人×バイオリズム8

〈3の人〉は傍目にもわかりやすい成果を得たのではないですか？　1年間の留学の権利とか研究の成果とか資格取得とか。あなたは直感で生きている人です。そのため人に理解されないことも多いのですが、この時期は「自他共に認める」何かを手に入れそうです。もう安心！という感じ。

4の人×バイオリズム8

〈4の人〉はこの時期、持ち株の値が上がったとか、家を買ったとか、給料が上がったなど、あなたが「安心できるベース」を手に入れることでしょう。お金や財産はあなたにとっては保険です。家族も大好きですね。家族に喜びごとがあるかもしれません。自分や家族を守ることがとても重要な人ですから、幸せの絶頂かもしれませんね。喜びをかみしめてください。

5の人×バイオリズム8

「だれかに認められる」という喜びがありそうです。デビューや処女作の発売など、やっと努力が報われる感じです。あなたは向上心の強い人ですから、もっともっと努力するでしょう。ここはがんばりどきです。あと1年がんばって、〔バイオリズム9〕の時期にブレイクを狙いましょう！　風は吹いています！

6の人×バイオリズム8

8の時期、あなたは何もしていないかもしれません。すべてはまわりが勝手にやってくれる。幸せがやってくる。そんな感じがいいですね。もし望み通り幸せがやってきたとしたら、そこから先は努力が必要ですよ。結婚生活や子育て、仕事、芸能や研究の成功、周囲の称賛、人気爆発……何を得たとしても、ここからはあなたの努力次第です。運としては今年から1年間がピークです。そこからは個人の努力によって道が分かれていくのです。さあ、本気を出しましょう。

7の人×バイオリズム8

〔7の人〕にとっていちばんありがたいのは、自分の行く道を自分で決められることではないでしょうか。「自分はこれをやって生きていこう」と思えるもの、「一生をか

ける価値のあるもの」がこの時期見つかりそうです。見つけてしまいさえすれば、あとはあなたのペースで精進していけばいいわけです。じわじわと体中に血が廻り始めるようなやる気が出てくるはずです。

8の人×バイオリズム8

あなたの人生には到達点がありません。ほかの数字の人は驚くかもしれませんが、あなたにはきっとそれがわかっているはずです。まわりの人が「すばらしい！　成功だ！」と言ってくれても、あなたは内心満足していません。結果を出したとたんに、次の目標や越えなくてはいけない課題が見えてくるからです。それでも順当にあなたにも成功の時期はきます。今がその時期です。まだまだ満足はできないかもしれませんが、だれかが言ってくれる「おめでとう」を素直に味わってみてください。

9の人×バイオリズム8

〈9の人〉は成功の喜びを存分に味わっていることでしょう。成功したうれしいことで頭がいっぱいになって、もしかしたらジタバタしているかもしれません。すごくほ

BIORHYTHM

8

ほえましいなと思います。いつもまわりの人のために動いてくれるあなたにも、ちゃんとご褒美が用意されていましたね。この時期ばかりは、人に何かを頼まれても「今、私、大変なんだ！」って言っちゃってください（笑）。

11の人×バイオリズム8

何かのポジションを手に入れるかもしれませんね。それはほかの人には誉《ほま》れと映るかもしれませんが、あなたは「可動範囲が広がった」ととらえます。ですから仕事が増えたっていうことですね。いつもご苦労さまです。これからもみんなのためによろしくお願いします！

22の人×バイオリズム8

〔22の人〕は邁進する人です。何かひとつのことをいつも気にかけ、行動しています。その成果が出るのが〔バイオリズム8〕となるでしょう。あなたの「成果」とはまわりの人に還元することです。ですから、あなたの周囲には笑顔がたくさんあるはずです。家族かもしれませんし、仲間や部下かもしれません。いっしょにいる人に喜びを

行きわたらせる。それがあなたの喜びです。

33の人×バイオリズム8

結果が出る〔バイオリズム8〕ですが、〔33の人〕が大喜びしている姿が思い浮かびません。いいことがないというわけではありません。何かすばらしいことが起こっても、どこか人ごとのようだろうという意味です。不思議な人です。ほかの数字の人ならば飛び上がって喜ぶようなことでも、わりとふつうに流してしまいます。「すごいことなんですよ!!」と教えてもらっても、なんとなく納得できません。それよりも早くこれを終わらせてどっか行きたいな〜、お金の心配しないで自由に動き回りたいな〜、なんて考えています。だから宇宙人って呼ばれるんですよね。かわいい。

BIORHYTHM 9

〔バイオリズム9〕と自分の数字

1の人×バイオリズム9

〔1の人〕はいつも前向きです。今もせっかちに「この次はどうしよう？ 何をしよう？」なんて思っていませんか？ あなたがすべきことは、今までやってきたことを振り返ることですよ。次を考えるのはその先です。振り返りがあってこその「次」です。

2の人×バイオリズム9

〔2の人〕は思い出しています。「もっとあのとき、できることがあったんじゃないか」。そして、「終わったことだ。あきらめよう」。それがあなたのたどりがちな思考経路です。過去の行動と結果を変えることはできません。ですから、頭のなかでこう書き換えてくれるといいなと思います。「できることは全部やった」。そして「私はよくやった」。あなたはいつだってがんばってくれています。

3の人×バイオリズム9

〔3の人〕はちゃんと考えてくださいね。もったいないですよ。せっかく結果が出てるんですから。ちょっと面倒かもしれませんが、ここ2年間くらいのことは思い出しましょうよ。次の楽しいチャレンジへのヒントがたくさん含まれています。何がよくて、何がよくなかったか、何か改善すべき点はないか。その3点だけでいいです。よろしく！

4の人×バイオリズム9

〔4の人〕はこの検証のチャンスを逃しません。きっと捨てるべきものを捨てているでしょう。合理的で賢い人ですから。そして、来年始まる新しいスタートもシミュレーションできているはずです。でも何が始まるかは、始まってからのお楽しみです。人生は驚きの連続です。

5の人×バイオリズム9

波をとらえるのが上手なので、ここまでもうまくバイオリズムに乗ってきたのでしょう。悪いところ、ダメなところを考えるのが苦手なあなたですが、よかったことのとセットになっていると思って、今の状態を検証してください。次のチャンスはこの検証の先にあるのです。

6の人×バイオリズム9

〔バイオリズム9〕の時期だからといって、特に変わったことはないでしょう。毎日振り返り、分析するのが〔6の人〕のクセのようなものですものね。すごく賢いあなたです。小さなことも取りこぼさずに、しっかりと未来への糧にするでしょう。でも覚えておいてくださいね。フォーカスするのはあなたが「ウケた」点です。ほめられたり、感謝されたりした点ですよ。そこを伸ばしましょう！

7の人×バイオリズム9

〔7の人〕は何を考えているのでしょうか。考えるのが仕事のような人ですから、いつも何かを考えているはずです。今も「なぜこうなったのだろう？」とか「もっといい方法はあるのか？」などと私情をはさまずに考えているはずです。できたらほかの

数字の人に教えてほしいくらいですよね。この「私情をはさまない」というところが、あなた以外の数字の人にとってはなかなかむずかしいのです。

8の人×バイオリズム9

〈8の人〉は過去を分析し未来につなげるのが得意です。その一方で、終わったことにとらわれるのが弱点です。あなたは失敗したことを忘れません。ですから、この時期はよかったところ、うまくやったところを重点的に書き出してみるとか、表にしてみるとかして可視化したらどうでしょうか。つらい気持ちにとらわれてほしくないのです。

9の人×バイオリズム9

この時期〈9の人〉は、「やっぱりね」と思っているでしょう。あなたの想像通りにことが進んだのではないでしょうか。それがあなたにとって最善の結果ではなかったとしても。なんでもよくわかっている人ですからね。でも、もし最善の結果でなかった場合は改めて実感したでしょう。「人は思い通りには動かない」って。人生ってむずかしいですよね。でもあなたはやっぱり、みんなにとって必要な人です。言うことを聞かない人たちからも必要とされていることを、忘れないでください。

11の人×バイオリズム9

〈11の人〉は理想主義者なので、もしかしたら結果に不満を持っているかもしれません。「もう少しいい結果が出てほしかった。及第点ではあるけれど」。起業した会社が軌道に乗っていても、教え子が志望校に合格しても、「あともうちょっと」がほしい人です。決して満足はしません。その「現状に満足しないところ」があなたの偉大なところです。そしてほかの人には理解してもらえないところでもあります。でも私はあなたに何も言うことはないと思います。理想主義者だからこそ、あなたはすばらしいのです。

22の人×バイオリズム9

この時期に手に入れた情報は、かなり「使える」ものです。特に人に関しての情報は有益です。あなたにはかなえたい夢があるはずです。そのためにはたくさんのサポーターが必要です。支持者と言ってもいいかもしれません。あなたのために動いてくれる人を確保することが大切ですよ。よーく周囲を見回してくださいね。

33の人×バイオリズム9

〈33の人〉には分析や検証は必要ないかもしれません。流されて生きる人ですから。ただ「だれといっしょにいるか」はとても重要です。ですから、あなたの目の前にいる人についてよく考えてみてください。あなたはいっしょにいる人によって、幸せにも苦労人にもなるんですよ。いい人といっしょにいてほしいと思います。

第４章

橙花からの手紙

Letter
from TŌKA

〔バイオリズム1〕にいる人へ

9年周期の数秘のバイオリズムを学んでいると、「9年のあいだに、努力しなさい。精進しなさい」っていうメッセージを感じます。ユダヤの教えは厳しいのです。

しかし、私は、かならずしも努力しなくていいと思っています。

目標もなくていい。

何かを成し遂げない、がんばらない人生があってもいいです。

ダメな人間でいいし、何者でもない人間でも、じゅうぶん生きる価値があると思っているのです。

だけど、あなたが〔バイオリズム1〕にいるならば、「自分の希望」を意識してみてほしいとは思います。

「沖縄に住みたいな」

「お手伝いさんがいて家事をやってくれたらいいのにな」

そんな希望です。希望を持ち、それを意識することで、これから8年後くらいにかなうかもしれません。

今、どんな気持ちですか？

新しい風が吹いてるような気がしますか？

あなたが何かの変化をとらえていたら、うれしいです。

そして何も感じないな〜という人は、ぜひ自分のちょっとした変化を探してみてください。最近はかつ丼に凝っていて毎日食べているとか、今まで興味がなかったスポーツをおもしろいと思ったとか。そんな気軽なものでいいのです。その変化があなたを希望へと導いてくれるかもしれません。

変化は希望なんです。

〔バイオリズム2〕にいる人へ

今、「なんだか不安」だったりしますか？

今年は「ビビる年」なんです。バイオリズムの波をとらえている人だったら、みんな同じように不安になりますよ。あなただけではありません。

実際には何も事件が起こったりしないので逆に安心です。

〔2の人〕ってわりと今のあなたのような気分だったりします。すごく慎重。まわりを見て、よ〜く考えてる。頭のなかがフル回転なのに、あまり行動には結びつかない毎日って、あなたは得意ですか？

9つのバイオリズムを旅するのは、自分の知らない気分を味わう勉強なんじゃないかと思っています。いつもだったらしないことをする、いつもだったらやっちゃ

うことをがまんするはめになる。人生は何事も経験ですよね。

どんなことでも怖いのは実際に経験する前なんだそうです。一度経験したことはもう、そんなに怖くないんですって。ということならば、この時期もやっぱり何かを感じる有意義な時間だと思えます。

無意味な経験ってありません。これは本当。

今、あなたが感じている不安な気持ち、心細いような感覚が、いつか何かの役に立つはずです。

私は、数秘を教えるとき、生徒さんに「経験は引き出し」だと伝えます。

ひとつの経験がひとつの引き出しです。

この1年間にいくつの引き出しをつくることができるかが、長い人生を生きていく上で重要になってくると思います。

いつかつらいことがあったときや、自分の愛するだれかが苦しい思いをしているとき、あなたの引き出しを開けてなかの情報を使いましょう。きっと役に立ちます。かならず役に立ちます。

〔バイオリズム11〕にいる人へ

あなた今、怒ってます？　こわーい！　怒っちゃいや〜！

〔バイオリズム11〕は、ちょっとした怒りを表すようです。激怒じゃないですよ。「ちょっとした怒り」です。

怒りによって、気持ちのコントロールがうまくできないのがこの時期の特徴です。

もし、私があなたとお会いしたとしたら、冒頭の「今、怒ってます？　こわーい！」って本当に言います。

あなたに笑ってほしいからです。

あなたの怒り（のような気分）は、だれかに向かっているというよりも、焦燥感に近いものです。何かがうまくいかないときに、イラッとする感じです。

「いつもは腹が立たないところで腹が立つ！」って思っているでしょ？
でもたいしたことではないと、あなたもわかっているはず。
そういうときには笑うといいと思うんです。
まじめすぎてはダメ、真剣すぎてもダメ。
笑いが、あなたをリラックスさせてくれるはずです。
まじめに考えなくても時間はすぎていきます。
自分のまじめさをうまく手放しながら、それでも前に進んでいく。
希望は捨てずに。
乗り切ればいい時間ってありますからね。
次にやってくるのは本物の喜びです。

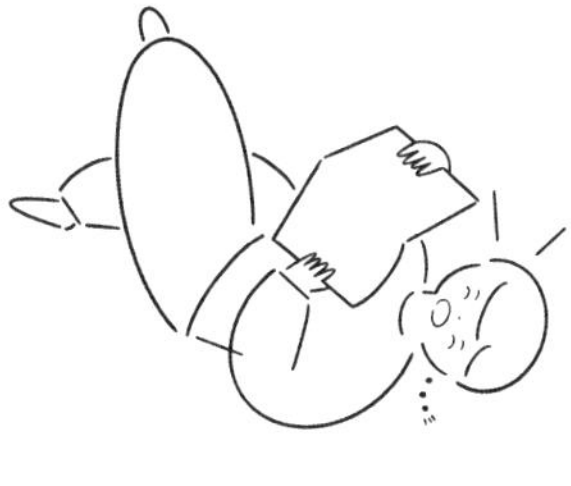

〔バイオリズム3〕にいる人へ

肩の力を抜く季節です。

去年は精神的にキツかったでしょ？　何もなかったとしてもね。

カバラ数秘術は親切で、ちゃんと「1回休み」のような休憩時間をくれます。

もし今、あなたが「ぜんぜん気楽な感じがしない」と思っているなら、遊びに出かけてみましょう。ご褒美に何か買ってみるのもいいでしょう。

自分のまわりでおもしろいことが始まっているのに、気づかないなんてもったいない！

もしかしたら、おもしろい波がきているのに、「そんな大人気《おとなげ》ないこと」と、〔バイオリズム3〕のモチーフを否定しているかもしれませんね。

「10歳年下の友だちとテーマパークに行くなんて！」

「今さらバレエを習うなんて！」

引っ込み思案の人ならなおさら素直に楽しめないかもしれません。

そうだ！

「今さら」を「今こそ」に変換して、つぶやいてみるといいかも。

「今さらビキニでビーチ」↓「今こそビキニ！」

「今さら街コンで彼氏を物色」↓「今こそ街コン！」

「今さら自動車免許」↓「今こそ免許！」

それでどんなに恥ずかしい体験をしても今年はＯＫ。

あとでおもしろいお酒が飲めるはずです。

「バイオリズム３」は、人生のちょっとしたアクセントのような、キラキラした瞬間です。ぜひ楽しんで！

〔バイオリズム4〕にいる人へ

以前どこかで読んだんです。

「つまらないな〜」って言ってる人は、さみしいんだって。

「つまらない」を「さみしい」に置き換えると、そのときの気持ちがわかりやすくなるんだそうです。

私もよくありますよ。「つまらないな〜」って思うとき。それを「さみしい」って言い換えてしまうと、ちょっと切なくなってしまいますよね。

〔バイオリズム4〕は退屈したり、つまらないと感じたりする時期なんです。

それは、自分が必要とされている感じがしないとか、共感を得られないとか、ほめてもらえないとか、つまり好きな人と交流していない時期なのかもしれないですよね。

それがわかれば、おのずと自分を救う方法が見えてくるような気がします。

大げさに考えなくてもいいんですよ。

仕事の合間にお母さんにＬＩＮＥを送ってみるとか。

「お母さん 仕事疲れた。夕飯なに？」

「餃子と里芋の煮もの」

こんなやりとりができれば、もうあなたは大丈夫だと思います。

ちょっと甘えてみましょう。

相手は夫でも会社の同僚でも地元の友だちでもいいです。

ひと言、返事をもらいましょう。

「その瞬間は私のことを考えてくれてた」って実感してください。

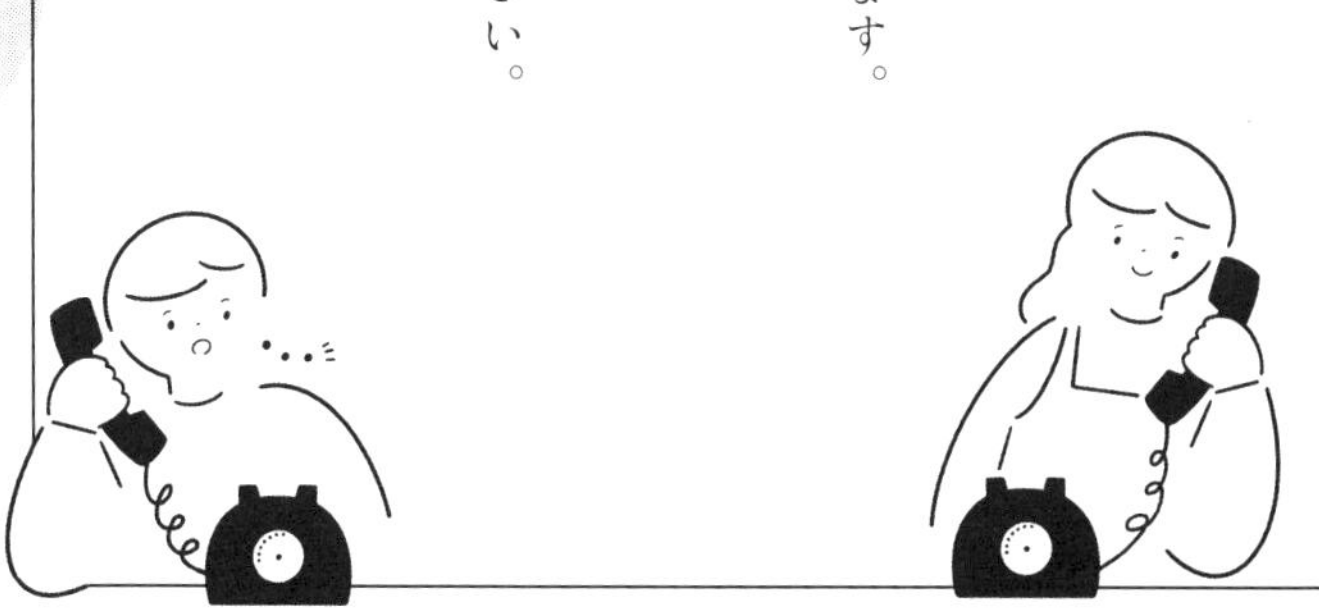

〔バイオリズム22〕にいる人へ

お疲れさまです。がんばっていますか？

がらにもないことをやっているのでは？

実は私も数年前に〔バイオリズム22〕を体験しました。

そのとき、まずはすごくびっくりしました。

「なんで？　なんで今？」って思いましたよ。

だって〔バイオリズム4〕だと思って淡々とやりすごそうとしていたので。計算間違いで22だとわかったときの衝撃!!（笑）

それからどうしたか？

しかたないからがんばりました。私は空手の昇段試験を受けたんです。あがり症だし試験勉強なんて大嫌いなので、地獄のような気持ちでした。

でもわかっていたのです。この試験の申し込みをすれば、

↓（いやいやながら）いつもとは違う努力をする。
↓（いやいやながら）合格する。
おかげさまで黒帯をいただきました。

空手を始めたときから黒帯をしめれば何者かになれるような気がしていました。でもね。私は変わりませんでした。試験が苦手で本番に弱く怖がりのままです。それでも以前の私ではありません。やはり、初段認定されたという事実はすごく力強く思えます。

自分が変わったのではなく立ち位置が変わった感じです。一段登ったような。それが〔バイオリズム22〕の特徴なのでしょう。

きっと来年もあなたはあなたです。

でも1年後の今ごろは違う場所に立っています。何か強い武器を携えて。

がんばれ!!

〔バイオリズム5〕にいる人へ

もしあなたが今、ウキウキしていなかったら。それはあきらめているからですよ。「私なんてもう……」って思ってないですか？

私は声を大にして言いたい。

「あなたはイケている!!　去年はわからないけど、来年もわからないけど、今のあなたはイケている！　すごく魅力的だ！　生き生きしている！　キラキラ輝いている！」

9年に1回だけ巡ってくるモテ期なんですから、おしゃれして出かけたり、自分に興味のある人はいないかキョロキョロしてみたりしましょうよ。

去年はつまらなかったか、疲れてヘトヘトだったでしょ？

〔バイオリズム5〕の時期は、あなたが9年間で最高に魅力的に見えるときです。

自分の魅力が炸裂していることを、信じてください。

そして楽しんでください。


もし、ウキウキするのに慣れていない場合は、まず服を買いましょう。

赤っぽい色の服がいいです。

あなたの顔色が輝くように、頬にちょっと朱がさすようなあたたかみのある色を選んで。

あなたの体が、いちばん魅力的に見える装いを考えてみましょうよ。

今のあなたが旬なのです。

〔バイオリズム6〕にいる人へ

あなたは今まで経験したことがないほどの、つらい気持ちでいるかもしれません。愛しい人が先に逝ってしまうかもしれない悲しい気持ち。愛しているのに、別れなくてはいけないさみしい気持ち。

こんな苦しい気持ちになるのは、9年に一度ではありませんよ。あなたの100年の人生のなかの、たった一度か二度でしょう。

バイオリズムのなかでも、〔バイオリズム6〕は、特別な時期です。つらい気持ちのあなたにかけてあげられる言葉なんてありません。どんななぐさめの言葉もきっと耳には入らないでしょう。


でもね。愛しい人とはまた会えるかもしれませんよ。

数秘の世界観では生まれ変わりがあります。鑑定しているクラ

イアントにも「これは前世からいっしょなのでは？」と思う組み合わせがよくあります。

また会える。また会おう。

そう約束されたらいかがでしょう？

私は、母が亡くなる前の昏睡状態のときに、「次回は私が育てるから、私の子どもに生まれてきてね。かわいがってあげるからね」と伝えました。

母が子どものころに貧しかった話を、よく聞かされていたからです。自分の子どもとして生まれてきたら、おいしいものを食べさせてあげたいし、あたたかい布団で抱いて寝かせてあげたいと思っています。きっとまた会えると信じています。

今生《こんじょう》という言葉があるように来世も前世もあるのでしょう。

希望を持ってあなたの大切な人にお別れを言ってあげてください。

あなたと愛する人はこれで終わりではありません。きっとまた会えます。

〔バイオリズム7〕にいる人へ

もしかしたらあなたは今、どん底だと思っているかもしれません。そういうご相談が多いんです。仕事に関係する相談が特に多いですね。不本意な配置転換だとか、業績がぜんぜん上がらなくてピンチだとかね。

バイオリズムの7年目っていうのは、6年分の溜まったものを目の当たりにする時期なのです。それがお金だったらうれしいでしょうけど、自分の不手際や見ないできたものに直面することが多いようです。

つまり今の状況はあなたがつくりだしてきたものだってことです。

でもね。あなたはきっとすごくがんばってきたと思うんですよ。

がまんもしたでしょう?

「そのがまん、あなたにとって最適だったのかな?」っていうのが今回のお題です。

やり直しのチャンスがきたと、言い換えることもできます。

来年はピークの年です。その前年に「ファイナルアンサー？」ってたずねられていると思えば、じっくり考える気にもなりませんか？

別に仕事を辞めたからって、すぐに生きられなくなったりはしないはずです。


自分は何をがまんしてきたんだろう？

自分は、何を見てこなかったんだろう？

自分にはまだほかの道があるのかな？

そんなことをしっかりと考えましょう！

そして自分なりの「ファイナルアンサー」を出してから次の年に行きましょうよ。

もしかしたら数年後に、この年を人生のターニングポイントになった重要なすばらしい年だった！と思い出すかもしれませんよ。

もう一度言いますよ。不幸ではなくチャンスです。冷静にね。

〔バイオリズム8〕にいる人へ

8の年っていうのは記憶に残る年になります。私はここ数回の8の年は全部覚えています。すごくわかりやすく変化がありました。

バイオリズムをあまり重要視していなかったときには、〔バイオリズム8〕は最高に幸せな年だ！　と単純に考えていました。

でも実は、

「夢がかなって幸せだけど、すごく苦労している年」

というのが、〔バイオリズム8〕の真実だと思います。

おとぎばなしで「王子様とお姫様が結婚して末長く幸せに暮らしました」っていう定型のフィナーレがありますよね。実際はそこで終わりではなくて、生活は続きます。

結婚してみたら、おたがいの価値観や常識が違うのでケンカばっかりしているっていうのが、真実ではないでしょうか。

夢と現実は違う。それは実際に経験しないとわかりません。

それを体験しているのが、今年なのでしょう。

もし、あなたが「今すごく忙しい！」とか「大変だ！」って思っているとしたら、きっと夢がかなっているんです。

そういう意味では忙しさと大変さにまずは感謝です。王子様とお姫様も結婚できたからこそのケンカです。

商売でも出産でも経験しないと大変さはわかりません。

この大変さに「ありがとう」と感謝の気持ちを持ってもらえるといいなと思います。

今ががんばりどきですよ。結果は来年です。

〔バイオリズム9〕にいる人へ

〔バイオリズム9〕は、「結局こうなった」が現れる時期です。

努力が報われる人もいるでしょうし、がっかりする結果になる人もいるはずです。

でも自分がやってきたことの結果だと思えば、納得がいくのではないでしょうか。

もし今、幸せを感じているのであれば、自分をほめてあげてください。

「8年間よくがんばったよね」と。

何度もなんらかの選択をしてきたはずです。その選択もよかったはず。検証してみてくださいね。

もしあなたが今、自分の境遇に納得がいかない場合には、次のチャンスを狙ってください。人生はまだまだ続きます。ぜんぜん大丈夫です。

とにかくお疲れ様でした。8年間生きてきましたね。

生きてきただけでえらかったです。

私がよくサインに添える言葉に、「今のあなたが最高の仕上がり」っていうのがあります。好きな言葉です。

どんなに今の自分がいやでも、やせたいのにやせられなくても、結果を出せなくても、愛されなくても、過去、多くの選択を繰り返した結果が、「今の自分」です。今ここにいるあなたが、史上最高の自分なのです。

だから、生きているだけでやっぱりえらいです。

一生懸命生きてきたから、あなたはやっぱり最高です。

次のスタートの前に、今の自分自身が最高なんだと、思ってください。

もし変わりたい自分がいたら、それは伸びしろなんだと思ってほしいです。

伸びしろたっぷり、可能性のある自分です。

どちらにしろ素敵です。素敵ですよ。

おわりに

みなさんが占いをするときって、どんなタイミングですか？

昨年、2020年の1月、まだ新型コロナが海の向こうの話だと思っていたころ。

3月3日に自分のオフィスをオープンさせようと思い立ちました。何年も前からいつか自分の場所を持ちたいと考え、「東京の主要駅から歩けて、風通しと日当たりがよくて、窓から富士山が見えて！」とイメージはしっかりありました。

しかし……実際に場所を決める段になると、決めるのが怖くて物件の粗探しをしている自分がいました。何度も何度もタロットカードやオラクルカードを引いたことを覚えています。

私は長くデザイン事務所をやっていましたから、部屋を借りるのははじめてではありません。引っ越し好きなので、不動産の契約もむしろ慣れているほうです。

それでも、大きなお金が動くこと、退路を断って動き出さなければいけないということに、とても不安になりました。

なぜ、あのとき、自分にしては大きな賭けに打って出たのか。

理由はいろいろあります。本を出版するタイミングだったし、今までの活動を続けるには閉塞感があって打開したかったし、デザインの仕事から鑑定にシフトする人生のタイミングかもしれないと感じていましたから。

そしてもうひとつ、大きな理由としてはバイオリズムがありました。

「やってみよう！　苦労をしてみよう！　お金を使ってみよう！　自分を追い込む価値がある！」。

バイオリズムが指針を示してくれました。それで勇気を得たというよりは、「この時期に部屋を借りずにスルーした次に何が待っているのか」のほうが怖かったのです。

1年経った今、思い返してみると2020年の3月が最善のタイミングでした。それからすぐに緊急事態宣言が出て、多くのセミナーが催行キャンセルになりましたが、それでもあれが最善のタイミングだったと思います。

最初の問いに戻りますと、私が占いをするのは、どちらにしようか迷ったとき、背中を押してほしいとき、どうしたらよいかわからなくなったとき、自分ではないだれかが心配になったときです。すごくふつうです。

でもいつも、自分の気持ちが主で、占いは「道具として使う」副次的なものです。自分の心がNOと言っているのに、占いにしたがうことはありません。

＊

長く鑑定をやっていると、いろいろな方にお会いするチャンスがあります。バリバリとお仕事をされている方、何もする気になれない方、がんばらなくちゃとわかっているけど仕事が続かない方、仕事ができなくて困っている方もおられます。

努力をしない人に「もっとがんばれ」と励ますのは、ふつうのことだと思われています。でも努力をするにも才能が必要なようです。

みんながんばって何かの結果を残そうとします。がんばることはすばらしいし、成功する瞬間のうれしさを味わいたい。私も努力をし続けたいと思っている人間です。

しかし一方で、だれにでも「生きているだけでいい」と言ってあげられる世界であってほしいとも思っています。

生まれてきて、生きて、死ぬ。

それでじゅうぶんだと。それが当たり前になった世界を想像しています。

今回も編集を担当してくださった飛田淳子さんに心から感謝を申し上げます。彼女と機関銃を撃ち合うようなＬＩＮＥの交換をしていくうちに、見えてきたものがたくさんありました。『自分を知る本』『相性を知る本』、そして本書の制作を通して、彼女から教えていただいたこと、彼女がふたを開けてくれた箱、彼女が見つけてくれた引き出しが、本当にたくさんありました。ほぼ独学でカバラ数秘術を研究していますが、彼女が私の師なのかもしれないと思っています。

また出版をおゆるしくださったすみれ書房の樋口裕二社長に感謝申し上げます。絶妙なタイミングで和菓子を持って励ましに来てくださったり、興味深い数字のご友人を紹介してくださったり。本当にありがとうございました。

かわいいイラストを描いてくださったｋｉｌｌｄｉｓｃｏさん、すばらしいデザインをしてくださったアルビレオの草苅睦子さんと小川徳子さん、タイトなスケジュールを神の手で間に合わせてくださったＤＴＰのつむらともこさんにお礼を申し上げます。

そして、各バイオリズムのエピソードを寄稿くださった橙花式スクールの生徒さん。リアルな経験談のおかげで、この本がとても生き生きしたものになりました。「エピソードを教えてください！」という私のＳＯＳにすぐにご返信くださり、胸が熱くなりました。本当にありがとうございました。

みなさんの思いが詰まった大切な1冊になりました。

最後に今回も黙って見守ってくれた家族に。どうもありがとう。

２０２１年２月　橙花

橙花

TŌKA

カバラ数秘術研究家・タロット占術家、カバラ数秘術講師。子どものころから占いが好きで、高校時代にタロットで友だちを占いはじめる。本職の店舗デザインの仕事での悩みを抱えていたときに、カバラ数秘術と出会い、深い魅力にとりつかれる。書物による研究で基本を習得した後、実践を重ね、オリジナルの「橙花式カバラ数秘術」を培う。これまで鑑定経験は6000名近くにのぼり、本書はそのたくさんの生の声から得た知見をまとめたもの。数秘術の講座も定期的に開催し、毎回満員になっている。空手二段。篠笛奏者。著書に『増補版 自分を知る本』『相性を知る本』（すみれ書房）がある。

https://lankalanka.jp/

本書の紙
本文――――オペラクリアマックス
カバー――――エアラス スーパーホワイト
帯――――クラフトペーパーデュプレN
表紙――――ブンペル クラフト
見返し――――ビオトープGA-FS フォレストグリーン
別帳扉――――ファーストヴィンテージ アップルグリーン

すみれ書房・橙花の本

［増補版］

自分を知る本

定価：本体1600円＋税

ISBN 978-4-909957-05-4

ひとりの人間の「生まれてから死ぬまで」を3つの数字で読み解く。

ロングセラー『自分を知る本』を、さらに進化させた増補版。本質、大切なこと、仕事、恋愛と結婚、子ども時代、この世で果たすべき使命がわかる本。「数秘を道具のように使って、日々をラクに楽しく」という著者の真髄が表現された充実の内容。「長年の悩みの理由がわかった」「友だち同士でワイワイ読めて楽しかった」「子育ての方向性が見えてきた」など感想多数。

イラストレーション：牛久保雅美　装丁：アルビレオ

すみれ書房・橙花の本

相性を知る本

定価:本体1500円+税

ISBN 978-4-909957-04-7

合わない人は、合わない。
「しょうがない」と受け入れることが、
あたたかい人間関係のスタートになる。

毎日会う職場の人、身近な友だち、パートナー、親、子ども。そしてまだ出会っていないだれか。人と人との関係からは、喜びが生まれる反面、悩みも生まれます。本書は、1自分を知り、2他人を知り、3相性を知ることで、人間関係の悩みから距離を取る本。メインは、相性78通りの解説!各組み合わせを「2×4各駅停車の旅」「3×7アメリカンクラッカー」「8×9楽しい役員会議」といったタイトルとともに大紹介。みんなでワイワイ読んでもよし、苦手な人への対応策を調べるもよし。軽くて自由な1冊です。 イラストレーション:小幡彩貴 装丁:アルビレオ

誕生日で切り替わる
9年間の
数秘占い

2021年4月3日　第1版第1刷発行

著者
橙花《とうか》

発行者
樋口裕二

発行所
すみれ書房株式会社
〒151-0071 東京都渋谷区本町6-9-15
https://sumire-shobo.com/
info@sumire-shobo.com〔お問い合わせ〕

印刷・製本
中央精版印刷株式会社

ISBN978-4-909957-19-1 Printed in Japan
NDC148 287p 19cm